Theologische Studien

Neue Folge

TVZ

Theologische Studien

Neue Folge

herausgegeben von
Thomas Schlag, Reiner Anselm,
Jörg Frey, Philipp Stoellger

Die Theologischen Studien, Neue Folge, stellen aktuelle öffentlichkeits- und gesellschaftsrelevante Themen auf dem Stand der gegenwärtigen theologischen Fachdebatte profiliert dar. Dazu nehmen führende Vertreterinnen und Vertreter der unterschiedlichen Disziplinen – von der Exegese über die Kirchengeschichte bis hin zu Systematischer und Praktischer Theologie – die Erkenntnisse ihrer Disziplin auf und beziehen sie auf eine spezifische, gegenwartsbezogene Fragestellung. Ziel ist es, theologisch interessierten Leserinnen und Lesern auf anspruchsvollem und zugleich verständlichem Niveau den Beitrag aktueller Fachwissenschaft zur theologischen Gegenwartsdeutung vor Augen zu führen.

TVZ Theologischer Verlag Zürich
www.tvz-verlag.ch

Dem Bekenntnis des Petrus geht nach Mt 16,15 die Frage Jesu voraus: «Ihr aber, für wen haltet ihr mich?» Reinhold Bernhardt legt mit seiner Christologie eine Antwort vor, die die Vielfalt der Religionen berücksichtigt ohne die biblischen Grundlagen zu relativieren.

Ein Buch, das sich nicht hinter Gelehrsamkeit verbirgt

«Nach meinem Verständnis ist ‹Repräsentation› mehr als nur die Darstellung oder die Proklamation der machtvollen Gegenwart Gottes. Es geht um deren Inkraftsetzung, um die Ereignung, die Realisierung dieser Gegenwart in personaler Präsenz.»

Aus dem Inhalt

T V Z
orientiert reformiert

Theologische Studien

NF 17 – 2021

Simon Peng-Keller, David Neuhold (Hg.)

Seelsorgedokumentation in digitalen Patientendossiers

Rechtswissenschaftliche und theologische Erkundungen

T V Z

Theologischer Verlag Zürich

Publiziert mit freundlicher Unterstützung der Ulrich Neuenschwander-Stiftung und der Universität Zürich.

Der Theologische Verlag Zürich wird vom Bundesamt für Kultur für die Jahr 2021–2024 unterstützt.

Bibliografische Informationen der Deutschen Nationalbibliothek

Die Deutsche Nationalbibliothek verzeichnet diese Publikation in der Deutschen Nationalbibliografie; detaillierte bibliografische Daten sind im Internet über http://dnb.dnb.de abrufbar.

Umschlaggestaltung: Simone Ackermann, Zürich

Druck: AALEXX Druck Produktion

ISBN 978-3-290-18388-2 (Print)

ISBN 978-3-290-18389-9 (E-Book: PDF)

DOI: https://doi.org/10.34313/978-3-290-18389-9

www.tvz-verlag.ch

Inhalt

Einleitung: Dokumentation und Recht

Simon Peng-Keller/David Neuhold

Die seelsorgliche Beteiligung an der interprofessionellen Kommunikation und Dokumentation gehört zu den Standards heutiger Palliative Care und wird von Zertifizierungsorganisationen immer stärker eingefordert. Mehr und mehr tragen Seelsorgende auch in anderen Bereichen des Gesundheitswesens zur interprofessionellen Dokumentation bei. Die internationale Erfahrung zeigt, dass solche Dokumentation den Einbezug der Seelsorge in die Begleitung von Patientinnen und Patienten fördert und dazu beiträgt, dass Gesundheitsfachpersonen und Klinikverantwortliche verstehen, was Seelsorgende tun und bewirken. Für eine interprofessionelle Zusammenarbeit im Bereich Spiritual Care ist dies unerlässlich. Gleichwohl bewegen sich dokumentierende Seelsorgende gegenwärtig auf dünnem Eis. Der evangelische Pfarrer und Pastoralpsychologe Thomas Beelitz schreibt in seinem 2019 veröffentlichten Beitrag zum Handbuch der Krankenhausseelsorge: «In der Praxis sind beim Thema Dokumentation und Verschwiegenheit viele Kolleg*innen selbst weiter, als es Theorie und Richtlinien zu erlauben scheinen.»[1] Rechtliche Fragen und Bedenken spielen in diesem Zusammenhang eine nicht unbedeutende Rolle.

Diese Problemlage soll im vorliegenden Band mit Blick auf die vielfältige Schweizer Rechts- und Kirchenlandschaft diskutiert werden. Gefragt wird nicht allein nach dem aktuell Möglichen und Legitimen, sondern auch nach den historischen und theologischen Hintergründen sowie den Ansatzpunkten für eine künftige Entwicklung. Um vorschnelle, kurzschlüssige Pro- und Contra-Debatten zu vermeiden, muss dabei auf ein Mehrfaches geachtet werden: erstens auf die Unterschiede zwischen verschiedenen Versorgungsbereichen (Palliativstation, Psychiatrische Klinik, Demenzabteilung usw.); zweitens auf die Unterscheidung zwischen Beicht- und Seelsorgegeheimnis (bzw. der Beichtsituation und anderen Formen von Seelsorge); drittens auf die Verschiedenheit und Gradualität der Dokumentationspraktiken, die von der schlichten Benennung der involvierten Personen bis zu detaillierten inhaltlichen Einschätzun-

---

1 Thomas Beelitz, Trostspuren – Dokumentation und Verschwiegenheit in der professionellen Seelsorge im Krankenhaus, in: Traugott Roser (Hg.), Handbuch der Krankenhausseelsorge, Göttingen 2019, 487–498, hier 487.

gen reicht; und viertens auf die Komplexität heutiger digitaler Dokumentationssysteme, die beispielsweise gestufte Zugangsrechte vorsehen bzw. diese technisch einfach umzusetzen vermögen.

Die Klärung des Selbstverständnisses von Seelsorge ist keine juristische, sondern eine theologische Aufgabe. Doch wer bestimmt, was Seelsorge in einem öffentlich regulierten Gesundheitswesen sowie in einer pluralistischen Gesellschaft tun soll und darf? Um diese Frage theologisch zu klären, müssen auch Aussenwahrnehmungen einbezogen und gesellschaftliche Transformationen analysiert werden. Rechtliche Festsetzungen sind nämlich ohne Zweifel immer auch Kompromisse, die auf mehr oder weniger fragilen Konsensen beruhen. Vorliegender Band möchte einen Beitrag dazu leisten, bestehende rechtliche Setzungen zu bedenken, zu überdenken und weiterzuentwickeln.

Wie jedes andere Buch hat auch dieses seine Vorgeschichte: Seit 2018 läuft das von den Schweizer Seelsorgevereinigungen initiierte Forschungsprojekt zur «Dokumentation klinischer Seelsorge» an der Universität Zürich und der Theologischen Hochschule Chur. In diesem Projekt untersuchten wir zunächst den internationalen Forschungs- und Entwicklungsstand[2] und fokussierten uns danach auf spezifische Aspekte des Themas.[3] Dabei wurde immer deutlicher, dass die rechtlichen Fragen für die Entwicklung seelsorglicher Dokumentationspraxis in der Schweiz derart bedeutsam und komplex sind, dass sie einer gesonderten Analyse bedürfen.

Aus dieser Einsicht heraus ist der vorliegende Band in einem mehrstufigen Prozess entstanden. Den Ausgangspunkt bildete der grundlegende Beitrag von Thomas Gächter und Sarah Hack-Leoni, zu dem die beiden Herausgeber je eine Response verfassten. Parallel dazu luden wir weitere Fachpersonen ein, sich mit einem eigenen Beitrag an diesem Austausch zu beteiligen. Um die verschiedenen Beitragenden miteinander ins Gespräch zu bringen, führten wir im November 2020 einen Workshop durch. Dabei lag der Fokus auf der Frage nach der künftigen Entwicklung. Der im Anschluss an den Workshop verfasste Schlussbeitrag umreisst die Ergebnisse mit sechs Perspektiven. Die Texte, die in diesem Band veröffentlicht werden, möchten die weitere Diskussion anregen. Sie zeigen nicht zuletzt, dass in der behandelten Thematik einiges im Fluss ist und dass es für die Seelsorge im Schweizer Gesundheitswesen auch neue rechtliche Rahmenbedingungen braucht.

---

2 Vgl. Simon Peng-Keller/David Neuhold (Hg.), Charting Spiritual Care. The Emerging Role of Chaplaincy Record in Global Health Care, Cham 2020.

3 Vgl. Simon Peng-Keller/David Neuhold/Ralph Kunz/Hanspeter Schmitt (Hg.), Dokumentation als seelsorgliche Aufgabe. Elektronische Patientendossiers im Kontext von Spiritual Care, Zürich 2020.

Allen Personen, die sich durch eigene Texte oder Kommentare und Hinweise am Projekt beteiligt haben, möchten wir herzlich danken, zuerst und in besonderer Weise Thomas Gächter und Sarah Hack-Leoni für den von Beginn an erfreulichen und inspirierenden interdisziplinären Austausch, doch nicht weniger Claudius Luterbacher, Pascal Mösli, Martina Tollkühn, Eva-Maria Faber und Hanspeter Schmitt. Während Thomas Gächter und Sarah Hack-Leoni in ihrem grundlegenden Beitrag eine zentrale Bestandsaufnahme der rechtlichen Situation mit Fokus auf die Zürcher Verhältnisse liefern und die zwei anschliessenden Texte aus theologischer und historischer Sicht darauf antworten, zeigen Claudius Luterbacher mit Bezug auf den Kanton St. Gallen und Pascal Mösli mit einem Blick auf die Situation in Bern unterschiedliche Modelle auf, den aktuellen Herausforderungen durch eine weitere Aus- und Umgestaltung des rechtlichen Rahmens zu begegnen. Im Beitrag von Frau Tollkühn wird herausgearbeitet, wie sich das Gesundheitswesen als lernfähiges System erweist und wie wichtig dafür eine intensive Diskussion zwischen den jeweiligen Stakeholdern ist.

Den Reihenherausgebern, insbesondere Thomas Schlag, sei für die bereitwillige Aufnahme dieses Bandes in die Reihe der *Theologischen Studien* recht herzlich gedankt. Fabian Winiger hat bei besagtem Workshop mitgewirkt und dann auch einen kundigen Blick auf die englischen Abstracts der Beiträge geworfen. Ihm wie auch Lisa Briner und Bigna Hauser vom Theologischen Verlag Zürich, die uns immer aktiv und wohlwollend zur Seite standen und zur gelungenen Realisierung des Projekts massgeblich beigetragen haben, gilt unser aufrichtiger Dank. Zum Schluss möchten wir Franzisca Pilgram für das gewissenhafte, präzise und umsichtige Lektorat der vorliegenden *Theologischen Studie* danken.

Indem der Band Wege aufzeigt, wie der rechtliche Rahmen für die Spitalseelsorge in der Schweiz umgestaltet werden kann, möchte er die Seelsorge auf ihrem Weg in die stets ungewisse Zukunft unterstützen. Wenn das Recht dem Leben folgt (*ius vitam sequitur*), dann gilt das auch für den Kontext der Seelsorge, die zentral die Lebendigkeit des Menschen und das Leben in Fülle vor Augen hat.

2. Februar 2021 *Simon Peng-Keller/David Neuhold*

Klinische Dokumentation von Spiritual Care aus medizinrechtlicher Perspektive

Möglichkeiten und Grenzen

Thomas Gächter / Sarah Hack-Leoni

1 Ausgangslage und Fragestellung

1.1 Verortung der Fragestellung

In gesundheitlichen Krisensituationen hatten und haben die Menschen seit jeher Bedarf an medizinischer Behandlung, aber mindestens im gleichen Mass auch an persönlicher und häufig auch spiritueller Betreuung. Bildlich gesprochen haben sich Arzt und Pfarrer schon immer am Kranken- und Sterbebett getroffen. Dass es sich bei diesem Zusammentreffen um alles andere als um einen Zufall handelt und medizinische und spirituelle Begleitung aufeinander ausgerichtet sein können, ist ebenfalls eine längst bekannte Tatsache. Dass dieses Zusammenspiel auch rechtliche Implikationen aufweist, wird allerdings erst in jüngerer Zeit analysiert.

Vorliegend geht es um eine sehr spezifische Fragestellung in diesem Zusammenspiel, nämlich um die Frage der *klinischen Dokumentation* der spirituellen Care-Arbeit. Die Dokumentation der Pflege und Betreuung hat in jüngerer Zeit grosse Beachtung gefunden; einerseits und hauptsächlich als Grundlage für eine rationale, wirkungsvolle und zuverlässige Betreuung, die solide abgestützte Entscheide erst ermöglicht und für die patientenzentrierte Zusammenarbeit verschiedener Fachleuchte unverzichtbar ist, anderseits auch – vor allem aus juristischer Sicht – als zentrale Informationsquelle für allfällige Haftungsfragen. Nicht dieser letztgenannte juristische Aspekt steht hier allerdings im Vordergrund, sondern der *Fragenkomplex, ob und inwiefern die Wünsche nach oder die Beiträge zu einer spirituellen Betreuung in der klinischen Patientendokumentation verzeichnet werden können oder sollen und ob denjenigen, die diese spirituelle Betreuung wahrnehmen, Einblick in die klinische Dokumentation gewährt werden darf.* Damit stehen Fragen des Daten- und Berufsgeheimnisschutzes im Zentrum – Fragen, die bislang für die hier vorliegende

Thematik noch nicht abschliessend beantwortet worden sind und deshalb in erster Linie einer rechtlichen Verortung und Eingrenzung bedürfen.

1.2 Vorgehen

In einem ersten Schritt (Ziff. 2) erläutern wir in groben Zügen den rechtlichen Bezugsrahmen der genannten Fragestellung, wobei wir uns an der Rechtslage im Kanton Zürich orientieren. Danach grenzen wir ein, was genau unter einer klinischen Dokumentation zu verstehen ist (Ziff. 3), bevor wir uns den Rahmenbedingungen der Dokumentation von Spiritual Care zuwenden (Ziff. 4) und abschliessend den Ertrag der Ausführungen zusammenfassen (Ziff. 5).

2 Rechtlicher Rahmen

Aus der Perspektive der Patientinnen und Patienten betrachtet gilt es zunächst zu ergründen, ob sich rechtliche Vorgaben finden lassen, die nicht nur einen Anspruch auf medizinische Behandlung, sondern auch auf spirituelle Betreuung in gesundheitlichen Krisenphasen vermitteln. Diese Frage wird vorab kurz angesprochen, nicht zuletzt, um aufzuzeigen, dass es sich bei Spiritual Care um mehr handelt als um eine blosse Präferenz gewisser Patientengruppen.

Im Zentrum steht sodann aber die Frage, welche Grenzen das geltende Recht den Seelsorgerinnen und Seelsorgern setzt, wenn sie Einblick in die klinische Dokumentation wünschen oder Einträge in diese Dokumentation vornehmen wollen.

2.1 Spiritual Care als grundrechtlich geschützter Anspruch

Die Bundesverfassung (BV)[1] – aber auch zahlreiche internationale Menschenrechtskonventionen wie die Europäische Konvention zum Schutze der Menschenrechte und Grundfreiheiten (EMRK)[2] – enthält verschiedene grundrechtliche Garantien, die für die Spitalseelsorge relevant sind. In erster Linie ist dabei die Glaubens- und Gewissensfreiheit (Art. 15 BV) zu nennen. Diese schützt religiös motivierte Handlungen (z. B. die Spendung der Sakramente,

---

1 Bundesverfassung der Schweizerischen Eidgenossenschaft vom 18. April 1999 (SR 101).

2 Z. B. Art. 9 der Konvention zum Schutze der Menschenrechte und Grundfreiheiten vom 4. November 1950 (SR 0.101).

das religiös-spirituelle Gespräch oder gemeinsame Gebete mit spiritueller Begleitung).[3] Die spirituelle Begleitung von Menschen in gesundheitlichen Krisen und in Todesnähe zählt dabei in nahezu allen Religionen zu den zentralen Praktiken. Darüber hinaus sind aber auch Grundrechte wie die Rechtsgleichheit (Art. 8 Abs. 1 BV) und das Diskriminierungsverbot (Art. 8 Abs. 2 BV) zu beachten, denn die entsprechenden Möglichkeiten sind rechtsgleich und diskriminierungsfrei zuzulassen.

Die Glaubens- und Gewissensfreiheit richtet sich in erster Linie an den Staat und die Institutionen, die staatliche Aufgaben wahrnehmen.[4] Sie ist grundsätzlich ein Abwehrrecht gegenüber dem Staat und hat keine Geltung zwischen natürlichen Personen.[5] Privatspitäler müssen also nicht zur Verwirklichung der Glaubens- und Gewissensfreiheit beitragen, sofern sie nicht auf einer kantonalen Spitalliste aufgeführt sind.[6] Spitäler gelten nämlich nach Art. 35 Abs. 2 lit. h KVG i.V.m. Art. 39 Abs. 1 lit. e KVG[7] dann als Leistungserbringer nach dem Krankenversicherungsgesetz, wenn sie auf der kantonalen Spitalliste stehen. Ist ein Spital also in einer kantonalen Spitalliste genannt, so trägt es zur staatlichen Gesundheitsversorgung bei und hat damit den Grundrechten ebenfalls Rechnung zu tragen.[8]

Konkret bedeutet dies, dass alle Menschen in der Schweiz Anspruch darauf haben, nach ihrer religiösen Überzeugung spirituelle Begleitung im Krankheitsfall in Anspruch zu nehmen, d. h. dass der Staat sie daran nicht hindern darf. In staatlichen Institutionen bzw. in Institutionen mit staatlichem Leistungsauftrag muss dieser Zugang gewährleistet sein und rechtsgleich und diskriminierungsfrei gewährt werden. Allein aus dem Bestehen dieses Anspruchs lässt sich für die spirituellen Betreuungspersonen allerdings noch kein Recht auf den Zugriff auf die klinische Dokumentation ableiten.

---

3 Vgl. BSK BV-Pahud de Mortanges, Art. 15 N 35, in: Basler Kommentar, Bundesverfassung, hg. von Bernhard Waldmann/Eva Maria Belser/Astrid Epiney, Basel 2015 (zit. BSK BV-Bearbeiter/In, Art. … N …).

4 BSK BV-Pahud de Mortanges, Art. 15 N 69.

5 BSK BV-Pahud de Mortanges, Art. 15 N 70.

6 René Pahud de Mortanges, Die rechtliche Regelung der Spitalseelsorge – eine Übersicht, in: René Pahud de Mortanges/Hansjörg Schmid/Irene Becci (Hg.), Spitalseelsorge in einer vielfältigen Schweiz – Interreligiöse, rechtliche und praktische Herausforderungen, Zürich/Basel/Genf 2018, 153–177, hier 169–170.

7 Bundesgesetz über die Krankenversicherung vom 18. März 1994 (SR 832.10).

8 Pahud de Mortanges, Die rechtliche Regelung, 170.

2.2 Bundesrechtlicher Rahmen

2.2.1 Bundeskompetenzen

Soweit die Bundesverfassung die Souveränität der Kantone nicht einschränkt, üben diese nach Art. 3 BV alle Rechte aus, die nicht dem Bund übertragen sind. Alle Aufgaben, die nicht dem Bund zugewiesen sind, dürfen also von den Kantonen übernommen werden.[9]

Der Bund verfügt im Gesundheitswesen nur über punktuelle Kompetenzen. So sind etwa – unter Vorbehalt der bundesrechtlichen Regelungen beispielsweise im Krankenversicherungsrecht – die Kantone für das Spitalwesen zuständig.[10] Dies insbesondere, da die Liste in Art. 118 Abs. 2 BV (Schutz der Gesundheit) abschliessend zu verstehen ist.[11] Auch für die Regelung der Spitalseelsorge sind demnach grundsätzlich die Kantone zuständig.[12] Gleichwohl kommt es gerade im Gesundheitsbereich immer wieder zu einem – mithin komplexen – Zusammenspiel zwischen kantonalen und bundesrechtlichen Vorgaben.

2.2.2 Bundesgesetze

Auf Bundesebene ist für die Dokumentation von Patientendaten in Spitalakten das Datenschutzgesetz[13] relevant – allerdings nur für Privatspitäler, die nicht auf einer kantonalen Spitalliste aufgeführt sind.[14] Für alle anderen Spitäler gilt kantonales Recht.

Soweit es sich um privatrechtliche Behandlungssituationen handelt – beispielsweise bei einem privatrechtlich tätigen Arzt oder in einem Privatspital, das über keinen Leistungsauftrag verfügt –, kommt direkt Bundesprivatrecht zur Anwendung, namentlich das Auftragsrecht, aus dem sich auch hinsichtlich der Dokumentation einige Pflichten direkt ableiten lassen.[15]

---

9 BSK BV-Biaggini, Art. 3 N 15.

10 BSK BV-Gächter/Renold-Burch, Art. 118 N 2.

11 BSK BV-Gächter/Renold-Burch, Art. 118 N 10.

12 Christian Kissling, Spitalseelsorge und Recht in der Schweiz. Eine Bestandsaufnahme angesichts der religiösen Pluralisierung, Zürich/Basel/Genf 2008, 14.

13 Bundesgesetz über den Datenschutz vom 19. Juni 1992 (SR 235.1).

14 Vgl. Kissling, Spitalseelsorge und Recht, 71.

15 Vgl. Regina E. Aebi-Müller/Walter Fellmann/Thomas Gächter/Bernhard Rütsche/Brigitte Tag, Arztrecht, Bern 2016, § 9 Rz. 12–14.

Ausserdem verpflichtet das Medizinalberufegesetz[16] in Art. 40 lit. c Med BG (Berufspflichten) Personen, die einen universitären Medizinalberuf in eigener fachlicher Verantwortung ausüben, die Rechte der Patientinnen und Patienten zu wahren. Diese Pflicht bezieht sich auf die gesamte Rechtsordnung, also auch auf die Grundrechte der Patientinnen und Patienten.[17] Daraus kann also abgeleitet werden, dass Ärztinnen und Ärzte verpflichtet sind, den Wunsch einer Patientin oder eines Patienten nach Spitalseelsorge, ernst zu nehmen, entsprechend weiterzuleiten und mit den Vertreterinnen und Vertretern soweit zu kooperieren, wie sie dies medizinisch verantworten können. Andererseits ergibt sich daraus ein Anspruch auf eine saubere und umfassende medizinische Dokumentation der Tätigkeit.[18]

Schliesslich setzt auch das Bundesstrafrecht wesentliche Grenzen. Hier interessiert in erster Linie die Form des Geheimnisschutzes gemäss Art. 321 StGB,[19] auf den weiter unten noch einzugehen sein wird.[20]

2.3 Rechtsgrundlagen im Kanton Zürich

2.3.1 Datenschutz und Gesundheitswesen

Auf kantonaler Ebene ist für die Dokumentation unter anderem das Gesetz über die Information und den Datenschutz relevant.[21] Es regelt nach § 1 Abs. 1 den Umgang der öffentlichen Organe mit Informationen. Die Vorgaben zum Umgang mit Personendaten finden sich in § 8–13 IDG ZH.

Spezifischere Vorgaben finden sich allerdings im Patientinnen- und Patientengesetz des Kantons Zürich.[22] § 7 Abs. 1 lit. a PatG ZH sieht vor, dass Patientinnen und Patienten bei der Eintrittsorientierung über ihre Rechte und

---

16 Bundesgesetz über die universitären Medizinalberufe vom 23. Juni 2006 (SR 811.11, Medizinalberufegesetz), MedBG.

17 Boris Etter, Medizinalberufegesetz – MedBG, Bundesgesetz vom 23. Juni 2006 über die universitären Medizinalberufe, Stämpflis Handkommentar, Bern 2006, Art. 40 N 15; Walter Fellmann, Kommentar zu Art. 40 MedBG, in: Ariane Ayer/Ueli Kieser/Tomas Poledna/Dominique Sprumont (Hg.), Medizininalberufegesetz, Kommentar, Basel 2009, Art. 40 N 100.

18 Vgl. Fellmann, Kommentar, Art. 40 N 103.

19 Schweizerisches Strafgesetzbuch vom 21. Dezember 1937 (SR 311.0).

20 Siehe Ziff. 4.2.

21 Gesetz über die Information und den Datenschutz vom 12. Februar 2007 (LS 170.4), IDG ZH.

22 Patientinnen- und Patientengesetz vom 5. April 2004 (LS 813.13), PatG ZH.

Pflichten orientiert werden.[23] Laut § 9 Abs. 1 PatG ZH steht Patientinnen und Patienten das Recht zu, sich durch die eigene Seelsorgerin oder den eigenen Seelsorger der Institution betreuen zu lassen, wodurch der vorne beschriebene grundrechtliche Anspruch[24] eingelöst wird. Weiter ist in der Bestimmung festgehalten, dass die Spitalseelsorge auch unaufgefordert Besuche vornehmen darf, wobei laut Abs. 2 der Bestimmung jeweils auf den Willen der Patientinnen und Patienten zu achten und auf den Betrieb der Institution Rücksicht zu nehmen ist.

Bezüglich der Patientendokumentation finden sich die Rechtsgrundlagen in § 17–19 PatG ZH. Nach § 17 Abs. 1 PatG ZH wird über jede Patientin und jeden Patienten eine Patientendokumentation über die Aufklärung und Behandlung angelegt und laufend nachgeführt. Dies kann nach Abs. 2 der Bestimmung schriftlich oder elektronisch geschehen, wobei gemäss Abs. 3 der Bestimmung die Urheberschaft der Daten unmittelbar ersichtlich sein muss. Nach § 19 Abs. 2 PatG ZH dürfen *Bezugspersonen und Dritte nur mit dem Einverständnis der Patientin oder des Patienten* oder aufgrund besonderer gesetzlicher Meldepflichten und -rechte oder einer Entbindung vom Amts- und Berufsgeheimnis gemäss Art. 320 und Art. 321 StGB Einsicht in die Patientendokumentation erhalten.

Besondere Erwähnung finden im Patientinnen- und Patientengesetz des Kantons Zürichs die sterbenden Personen. Sie haben laut § 30 Abs. 1 PatG ZH Anrecht auf angemessene Behandlung und Begleitung.

2.3.2 Kirchenrecht

Auch in Erlassen betreffend Kirche und Religionsgemeinschaften finden sich Vorgaben, die im vorliegenden Zusammenhang von Interesse sind.

So sieht das Kirchengesetz des Kantons Zürich[25] in § 16 explizit vor, dass Pfarrerinnen und Pfarrer der anerkannten kirchlichen Körperschaften Anspruch auf Zulassung zur Seelsorge in Einrichtungen des Kantons und der Ge-

---

23 Vgl. René Pahud de Mortanges, Datentransfer und Datenschutz an der Schnittstelle zwischen Staat und Religionsgemeinschaften, in: René Pahud de Mortanges/Erwin Tanner (Hg.), Kooperation zwischen Staat und Religionsgemeinschaften nach schweizerischem Recht, Coopération entre Etat et communautés religieuses selon le droit suisse, Zürich/Basel/Genf 2005, 595–626, 622, der anmerkt, dass der Datenschutz der Spitalseelsorge nicht im Weg stehen müsse, wenn die Spitalleitung willens sei, die datenschutzrechtlichen Grundregeln zur Kenntnis zu nehmen und entsprechende Anmeldeformulare zu erstellen.

24 Ziff. 2.1.

25 Kirchengesetz vom 9. Juli 2007 (LS 180.1), KiG ZH.

meinden wie Spitälern, Pflegeheimen oder Gefängnissen haben. Dieselbe Regelung kennt das Gesetz über die anerkannten jüdischen Gemeinden[26] in § 10. Auch die Verordnung zum Kirchengesetz und zum Gesetz über die anerkannten jüdischen Gemeinden[27] befasst sich mit der Seelsorge. § 6 der Verordnung hält fest, dass alle in ihrer kantonalen kirchlichen Körperschaft oder anerkannten jüdischen Gemeinde zur seelsorglichen Tätigkeit zugelassenen Amtsträgerinnen und Amtsträger Anspruch auf Zulassung zur seelsorglichen Tätigkeit in Einrichtungen des Kantons und der Gemeinden haben. In Absatz 3 der Bestimmung wird zudem vorgegeben, dass Institutionen, die eine Beteiligung durch die Seelsorge abweisen, dies in einer Verfügung zu tun haben.

Auch die Kirchenordnung der Evangelisch-reformierten Landeskirche des Kantons Zürich enthält Regelungen zur Seelsorge.[28] Sie nennt die Seelsorge in Art. 113 Abs. 1 lit. c ausdrücklich als Amtspflicht von Pfarrpersonen und erteilt der Kirchensynode in Art. 123 Abs. 3 den Auftrag, eine Verordnung spezifisch für die Seelsorge in Institutionen zu erlassen. Dieser Auftrag wurde mit der Inkraftsetzung der Verordnung über die Seelsorge in Institutionen im Jahr 2016 erfüllt.[29] Darin finden sich auch Regelungen betreffend Spitäler und psychiatrische Kliniken im Kanton Zürich, in denen der Kirchenrat ein Pfarramt errichtet hat (§ 2 Ziff. 2 SIVO). Die Verordnung legt in § 5 Abs. 1 lit. a und b fest, wer für die Seelsorge in den Institutionen zuständig ist. Für die Ausübung der Seelsorge in Institutionen verlangt § 10 Abs. 1 SIVO eine Zusatzausbildung.

Auch die Römisch-katholische Kirche des Kantons Zürich macht Vorgaben bezüglich der Seelsorge. Sie hat nach § 2 Abs. 1 lit. b der Geschäftsordnung des Synodalrates[30] ein eigenes Ressort für die Seelsorge im Gesundheitswesen. Ausserdem sieht die Kirchenordnung der Römisch-katholischen Körperschaft[31] in Art. 60 Abs. 1 unter anderem vor, dass Seelsorgerinnen und Seelsorger in der Erfüllung ihrer Aufgaben von der Kirchenpflege unterstützt werden.

---

26 Gesetz über die anerkannten jüdischen Gemeinden vom 9. Juli 2007 (LS 184.1), GjG.

27 Verordnung zum Kirchengesetz und zum Gesetz über die anerkannten jüdischen Gemeinden vom 8. Juli 2009 (LS 180.11).

28 Kirchenordnung der Evangelisch-reformierten Landeskirche des Kantons Zürich vom 17. März 2009 (LS 181.10).

29 Verordnung über die Seelsorge in Institutionen vom 5. April 2016 (LS 181.50), SIVO.

30 Geschäftsordnung des Synodalrates der Römisch-katholischen Körperschaft des Kantons Zürich vom 1. Juli 2019 (LS 182.21), GeschO SyR.

31 Kirchenordnung der Römisch-katholischen Körperschaft des Kantons Zürich vom 29. Januar 2009 (LS 182.10).

Die Christkatholische Kirchgemeinde Zürich sorgt innerhalb ihres Gebietes ebenfalls für die Seelsorge. Dies ergeht aus Art. 2 Abs. 2 der Kirchenordnung der Christkatholischen Kirchgemeinde Zürich.[32] Dass die Seelsorge zu den Aufgaben der Pfarrerinnen und Pfarrer gehört, hält der Erlass in Art. 45 Abs. 1 lit. c fest.

Die erwähnten Bestimmungen behandeln vorwiegend die Sicherstellung der Seelsorge und befassen sich höchstens indirekt mit der hier interessierenden Dokumentation der Tätigkeit. Immerhin finden sich auch einige Verweise auf das staatliche Datenschutzrecht. So sieht beispielsweise Art. 7 Abs. 1 der Kirchenordnung der Römisch-katholischen Körperschaft des Kantons Zürich vor, dass die Bearbeitung und Erfassung von Personendaten auf der Grundlage der staatlichen Datenschutzgesetzgebung erfolgt. Einige Vorgaben für den Umgang mit Daten, welche die Seelsorge betreffen, können sodann dem kirchlichen Datenschutz-Reglement[33] entnommen werden. Nach § 4 Abs. 1 dieses Reglements können Personen, die im Pfarrdienst tätig sind, im Einzelfall Personendaten, die sie für die Erfüllung ihrer Aufgaben benötigen, bei der Einwohnerkontrolle, der Schulverwaltung, bei Spitalverwaltungen oder anderen amtlichen Stellen persönlich oder durch ausdrücklich bezeichnete Hilfspersonen beziehen. Bei der Behandlung dieser Daten müssen sie dem Schutz des Berufs- bzw. Seelsorgegeheimnisses Rechnung tragen. In Zweifelsfällen sollen Kirchenpflege und Pfarramt den Rat des kantonalen Datenschutzbeauftragten einholen.

3 Medizinische Dokumentation

Mit der Auffächerung der verschiedenen rechtlichen Normkomplexe ist die hier interessierende Frage nach den Befugnissen der Seelsorgerinnen und Seelsorger bezüglich der klinischen Dokumentation und der Einsicht in die entsprechenden Unterlagen allerdings nicht geklärt. Je nach Art und Natur der jeweiligen Dokumentationsmöglichkeit ergeben sich unterschiedliche Antworten.

3.1 Dokumentationsmöglichkeiten

Daten von Patientinnen und Patienten können einerseits in der internen Dokumentation der jeweiligen Institution festgehalten werden. Andererseits besteht auch die Möglichkeit zur Dokumentation im elektronischen Patientendossier,

---

32 Kirchenordnung der Christkatholischen Kirchgemeinde Zürich vom 30. Juni 2009 (LS 183.10).

33 Kirchliches Datenschutz-Reglement vom 15./6. Dezember 1999 und 23. Mai 2000 (LS 180.7).

für welches mit dem Bundesgesetz über das elektronische Patientendossier (EPDG) eine besondere gesetzliche Grundlage besteht.[34]

Die interne Dokumentation ist ein sogenanntes *Primärsystem*, das handschriftlich oder elektronisch geführt werden kann. Im Primärsystem hält zum Beispiel ein Arzt oder ein Spital die Krankengeschichten der Patientinnen und Patienten fest, verzeichnet Untersuchungsergebnisse und Analysen und dokumentiert Behandlungsschritte.

Das elektronische Patientendossier hingegen ist ein *Sekundärsystem*, das für den Austausch zwischen den verschiedenen Gesundheitsfachpersonen und Gesundheitsinstitutionen verwendet wird. Darin werden, nach Einwilligung der Patientinnen und Patienten, Daten abgelegt, die für die Weiterbehandlung relevant sind.[35] Es handelt sich, gemäss der gesetzlichen Definition, um ein «virtuelles Dossier, über das dezentral abgelegte behandlungsrelevante Daten aus der Krankengeschichte einer Patientin oder eines Patienten oder ihre oder seine selber erfassten Daten in einem Abrufverfahren in einem konkreten Behandlungsfall zugänglich gemacht werden können» (Art. 2 lit. a EPDG).

3.2 Interne Dokumentation

Die interne Dokumentation erfolgt in den (elektronischen) Dokumentationssystemen der jeweiligen Praxis oder Institution oder in handschriftlich verfassten Patientenakten. Die Pflicht, relevante Patienteninformationen zu dokumentieren, ergibt sich unter anderem aus privatrechtlichem Vertrags- bzw. Auftragsrecht[36], dem Medizinalberufe- und Psychologieberufegesetz[37], aber auch aus kantonalen Gesundheits- und Patientengesetzen[38]. Auch aus sozialversiche-

---

34 Bundesgesetz über das elektronische Patientendossier vom 19. Juni 2015 (SR 816.1), EPDG.

35 eHealth Suisse, Koordinationsorgan Bund-Kantone, Schweizerische Konferenz der kantonalen Gesundheitsdirektorinnen und -direktoren, Factsheet, Unterschied elektronische Krankengeschichte und elektronisches Patientendossier, Version 2, 8. Dezember 2015, abrufbar unter: https://www.e-health-suisse.ch/fileadmin/user_upload/Dokumente/2015/D/151208_Factsheet_Unterschied_elektronsiche_Krankengeschichte_elektronisches_Patientendossier_D.pdf (30.3.2021).

36 Art. 400 Abs. 1 des Bundesgesetzes betreffend die Ergänzung des Schweizerischen Zivilgesetzbuches (Fünfter Teil: Obligationenrecht) vom 30. März 1911 (SR 220, OR).

37 Bundesgesetz über die Psychologieberufe vom 18. März 2011 (SR 935.81, Psychologieberufegesetz).

38 Hardy Landolt, Medizinische Dokumentationspflicht – quo vadis?, in: Haftpflicht und Versicherung (HAVE) 2016, 9–19, 11; Aebi-Müller/Fellmann/Gächter/Rütsche/Tag, Arztrecht, § 9 Rz. 12–14.

rungsrechtlicher Perspektive sind Leistungserbringer zur Dokumentation verpflichtet, damit die betreffenden Versicherungsträger die Vergütung der Leistung berechnen und die Leistungspflicht überprüfen können.[39]

Grundsätzlich trifft die Dokumentationspflicht die jeweiligen Gesundheitsfachpersonen und Leistungserbringer persönlich bzw. als Institution. Sie haben jene Tatsachen, Handlungen und Befunde zu verzeichnen, die sie in ihrem Handlungsfeld zu verantworten haben und deren Dokumentation aufgrund der jeweils einschlägigen Rechtspflicht erforderlich ist. Es ist dabei nicht ausgeschlossen, dass im Rahmen dieser Aktenführung und Dokumentation auch Angaben aufgenommen werden, die nicht von der jeweiligen Gesundheitsfachperson bzw. vom jeweiligen Leistungserbringer stammen, beispielsweise Angaben zu Wünschen nach oder Berichte zu einer spirituellen Begleitung von Patientinnen und Patienten, soweit dies der zur Aktenführung verpflichteten Person sinnvoll erscheint und von der Patientin oder dem Patienten so gewünscht ist.[40] Diese Aufnahmemöglichkeit schafft indes keine Aufnahmepflicht für solche Aufzeichnungen; vor allem aber vermittelt sie den Angehörigen der Seelsorgeberufe keinen Anspruch, Einblick in die entsprechenden internen Dokumentationen zu nehmen.

3.3 Elektronisches Patientendossier

3.3.1 Gegenstand und Zweck

Gesonderte Bestimmungen bestehen für die Dokumentation im elektronischen Patientendossier nach dem EPDG. Der Zweck des elektronischen Patientendossiers besteht gemäss Art. 1 Abs. 3 EPDG in der Stärkung der Qualität der medizinischen Behandlung, der Verbesserung von Behandlungsprozessen, der Erhöhung der Patientensicherheit, der Steigerung der Effizienz des Gesundheitssystems sowie in der Förderung der Gesundheitskompetenz der Patientinnen und Patienten.

3.3.2 Elektronische Identität, Zugriffsmöglichkeiten und Gesundheitsfachpersonen

Laut Art. 7 Abs. 1 lit. a und b EPDG müssen Patientinnen und Patienten sowie Gesundheitsfachpersonen für die Bearbeitung von Daten im elektronischen Patientendossier über eine sichere elektronische Identität verfügen. Damit soll

---

39 Z. B. Landolt, Medizinische Dokumentationspflicht, 10; siehe die Übersicht in: Aebi-Müller/Fellmann/Gächter/Rütsche/Tag, Arztrecht, § 9 Rz. 102–104.

40 Siehe Ziff. 4.2.3.

gewährleistet werden, dass nur berechtigte Personen auf die Daten zugreifen und diese bearbeiten können.[41]

Die Zugriffsrechte der Gesundheitsfachpersonen sind abhängig vom *Entscheid der Patientin oder des Patienten.* Laut Art. 9 Abs. 1 EPDG erteilen nämlich diese die entsprechenden Zugriffsrechte. Gemäss Abs. 3 der Bestimmung können Patientinnen und Patienten die Zugriffsrechte bestimmten Gesundheitsfachpersonen oder Gruppen von Gesundheitsfachpersonen zuweisen oder einzelne Gesundheitsfachpersonen generell vom Zugriffsrecht ausschliessen. Auch in der Botschaft zum EPDG werden bei den Zugriffsrechten lediglich Gesundheitsfachpersonen erwähnt.[42]

Das Gesetz definiert den Begriff der *Gesundheitsfachperson* als «nach eidgenössischem oder kantonalem Recht anerkannte Fachperson, die im Gesundheitsbereich Behandlungen durchführt oder anordnet oder im Zusammenhang mit einer Behandlung Heilmittel oder andere Produkte abgibt» (Art. 2 lit. b EPDG). In der bundesrätlichen Botschaft wurden zur Erläuterung zahlreiche Berufsgruppen aufgezählt, die als Gesundheitsfachpersonen im Sinne des Gesetzes gelten. Dabei handelt es sich ausschliesslich um Gesundheitsfachpersonen im engeren Sinn,[43] d. h. um Personen, die medizinische Untersuchungen und Interventionen vornehmen und unterstützen und – aufgrund des Schädigungspotenzials der entsprechenden Tätigkeiten – häufig über eine kantonale Berufsausübungsbewilligung verfügen müssen.[44]

Seelsorgerinnen und Seelsorger gelten nach der in diesem Punkt eindeutigen Rechtslage also nicht als Gesundheitsfachpersonen im Sinne des EPDG. Ihnen kann daher grundsätzlich kein Zugriff auf das elektronische Patientendossier gewährt werden, selbst wenn dies dem Wunsch der Patientinnen und Patienten entsprechen sollte und das mit dem elektronischen Patientendossier verfolgte Ziel der Stärkung der Behandlungsqualität und der Effizienz grundsätzlich für Dokumentation und Zugriff auch der Seelsorge sprechen würde.

---

41 Botschaft zum Bundesgesetz über das elektronische Patientendossier (EPDG) vom 29. Mai 2013, BBl 2013 5321, 5381.

42 A. a. O., 5382–5383.

43 A. a. O., 5573–5574.

44 Thomas Gächter/Bernhard Rütsche, Gesundheitsrecht, 4. Aufl., Basel 2018, Rz. 187–189.

4 Dokumentation von Spiritual Care

4.1 Spiritual Care als Teil der Palliative Care

Im Bereich der Palliative Care nimmt die Seelsorge eine besondere Stellung ein. Die World Health Organization (WHO) definiert die Palliativpflege als Instrument zur Vermeidung und Milderung des Leids von Patientinnen und Patienten und ihren Familien. Sie sei ein wichtiger Bestandteil der personenbezogenen Gesundheitsfürsorge und umfasse sowohl physische, psychologische, soziale als auch *spirituelle* Aspekte.[45]

Auch in der Schweiz soll Palliativpflege ganzheitlich erfolgen. So sehen die nationalen Leitlinien zur Palliative Care explizit vor, dass in einem interprofessionellen Team gearbeitet wird, zu dem auch Seelsorgerinnen und Seelsorger zählen können. Die Mitglieder des interprofessionellen Teams bedürfen einer Weiterbildung, die auf den Einsatz in der Palliativmedizin ausgerichtet ist.[46]

Die Arbeit der Seelsorgerinnen und Seelsorger im Bereich der Palliativmedizin wird in einer weiteren amtlichen Publikation des BAG detaillierter beschrieben.[47] Das BAG anerkennt darin die Seelsorge im Bereich der Palliative Care als wichtig.[48] Der Spiritual Care liege ein multiprofessionelles Behandlungskonzept zugrunde und das Fachwissen von Seelsorgerinnen und Seelsorgern sei zentral für die spirituelle Begleitung der Patientinnen und Patienten.[49]

Bei einem ersten Besuch sollen Seelsorgerinnen und Seelsorger den Bedarf für spirituelle Unterstützung abklären und die Patientin oder den Patienten nach der religiösen Ausrichtung fragen.[50] Falls das Bedürfnis besteht, sollen die Seelsorgerinnen und Seelsorger Kontakte zu den verschiedenen Glaubensgemeinschaften oder Personen, die in der Muttersprache der Patientin oder des

---

45 World Health Organization, Integrating palliative care and symptom relief into primary health care. A WHO guide for planners, implementers and managers, Genf 2018, 5, abrufbar unter: https://apps.who.int/iris/bitstream/handle/10665/274559/9789241514477-eng.pdf?ua=1 (30.3.2021).

46 Bundesamt für Gesundheit/Schweizerische Konferenz der kantonalen Gesundheitsdirektorinnen und -direktoren, Nationale Leitlinien Palliative Care, Bern 2014, 21, abrufbar unter: https://www.bag.admin.ch/bag/de/home/das-bag/publikationen/broschueren/publikationen-im-bereich-palliative-care/nationale-leitlinien-palliative-care.html (30.3.2021).

47 Bundesamt für Gesundheit, Das interprofessionelle Team in der Palliative Care. Die Grundlage einer bedürfnisorientierten Betreuung und Behandlung am Lebensende, Bern 2019.

48 BAG, Das interprofessionelle Team, 35.

49 A. a. O., 36.

50 Ebd.

Patienten kommunizieren können, herstellen.[51] Seelsorgerinnen und Seelsorger können aber auch bei schwierigen Entscheidungen beigezogen werden oder durch Gebet oder Rituale die Patientinnen und Patienten begleiten.[52] Ebenfalls zur Seelsorge gehören Krankenkommunion, Krankensalbung, Segnung und die Gestaltung einer Abschiedsfeier.[53]

Das Kompetenzzentrum Palliative Care des Universitätsspitals Zürich etwa setzt die nationalen Leitlinien mit einem vielfältigen, interprofessionellen Team um. An der Behandlung beteiligt sind Mediziner, Pflegende, Fachpersonen für Physiotherapie, Psychologie, Schmerztherapie und Ernährung. Diese werden vom Sozialdienst, der Seelsorge und Freiwilligen unterstützt.[54]

In ähnlicher Art und Weise stellt auch das Kantonsspital Winterthur für die Palliativpflege ein multiprofessionelles Behandlungsteam zur Verfügung. Dazu gehören Fachärzte, Pflegefachpersonal mit Ausbildung in Palliative Care, Fachleute der Sozialberatung, Psychoonkologie, Physio- und Ergotherapie sowie die Seelsorge, Kunsttherapie und freiwillige Mitarbeitende.[55]

Zudem bietet beispielsweise die Spitex Zürich Palliativpflege an. Das Angebot umfasst dabei unter anderem eine breit gefächerte Abklärung und Erfassung der individuellen Situation in körperlicher, seelischer, sozialer und spiritueller Hinsicht.[56]

Ein kurzer Blick ins Ausland, namentlich nach Deutschland, dokumentiert eine gewisse *Bewegung im Verständnis der Rolle von Spiritual Care*. So hat das Sozialgericht Karlsruhe erst kürzlich festgestellt, dass die Seelsorgerin im Rahmen der palliativmedizinischen Behandlung als Teil des Behandlungsteams gilt.[57] Zu diesem Schluss kommt das Gericht unter Berücksichtigung der oben beschriebenen WHO-Definition von Palliative Care. Das Gericht erachtet die Seelsorge als «eigenständige Tätigkeit spiritueller Art im Sinne der Definition der WHO, die einen selbstständigen Charakter im Vergleich zur Psychotherapie besitzt», weshalb sie dem umfassenden Behandlungskonzept der Palliativmedizin zuzuordnen sei.[58]

Ausgangspunkt für die soeben geschilderte gerichtliche Diskussion bildete ein Streit um die Krankenhausbehandlungskosten zwischen der Trägerin einer

---

51 Ebd.
52 Ebd.
53 Ebd.
54 https://new.usz.ch/fachbereich/kompetenzzentrum-palliative-care/ueber-uns (30.3.2021).
55 https://www.ksw.ch/klinik/palliative-care/ueber-uns (30.3.2021).
56 www.spitex-zuerich.ch/angebot/fachabteilungen/palliative-care (30.3.2021).
57 Sozialgericht Karlsruhe, Urteil S 9 KR 1621/17 vom 28. Februar 2019, E. I 1 b aa (4).
58 A. a. O., E. I 1 b aa (1).

Klinik und einer Krankenkasse.[59] Aufgrund der Feststellung, dass die Seelsorgerin dem Behandlungsteam im Sinne des Operationen- und Prozedurenschlüssels angehört, kommt das Gericht zum Schluss, dass ihre Gespräche (sofern sie die erforderliche Mindestanzahl von sechs Stunden pro Woche und Patient erreichen) berücksichtigungsfähig sind und das Krankenhaus daher Anspruch darauf hat, dass die Versicherung die Vergütung übernimmt.[60] Dies zeigt, dass nicht nur die Dokumentation der seelsorglichen Tätigkeit, sondern auch die Finanzierung dieser Tätigkeit ein aktuelles Thema ist. Von einigem Interesse ist es insbesondere für die Schweiz, da die Finanzierung der Spitalseelsorge kantonal unterschiedlich geregelt ist. Eine Analyse der verschiedenen Finanzierungsmöglichkeiten und Kostenträger wird sich spätestens dann aufdrängen, wenn die einheitliche Finanzierung von ambulanten und stationären Leistungen (EFAS) eingeführt werden sollte;[61] denn mit dieser wird sich die Frage nach der grundsätzlichen Kostenverteilung zwischen Sozialversicherungen und Staat sowohl im stationären wie im ambulanten Setting neu stellen.

Es zeigt sich also, dass – ausgehend von der WHO-Definition von Palliative Care – Bewegung ins Rollenverständnis gekommen ist. Das eingangs beschriebene Bild von Arzt und Pfarrer, die beide unabhängig voneinander am Bett der Sterbenden stehen, wandelt sich damit zu einem Verständnis, nach welchem auch die für die Seelsorge zuständigen Fachpersonen Teil einer umfassend verstandenen Palliative Care sind.

Allerdings ist, trotz dieser Entwicklungen, Zurückhaltung angebracht: Das Verständnis, dass Seelsorgerinnen und Seelsorger gleichberechtigt mit Gesundheitsfachpersonen für die ganzheitliche Betreuung der Patientinnen und Patienten zuständig sein sollen und in dieser neuen Rolle auch Einblick in Patientenakten haben können oder gar eigene Einträge in diese machen dürfen, ist noch weit vom juristischen Alltag entfernt. Spiritual Care wird nach wie vor als aussenstehende und andersartige Hilfestellung für Personen wahrgenommen und nicht der medizinischen Betreuung zugeordnet.

---

59 A. a. O., Tatbestand.

60 A. a. O., E. I 2.

61 Parlamentarische Initiative 09.528, Entwurf vom Nationalrat behandelt.

4.2 Dokumentation und doppelseitige Schweigepflichten

4.2.1 Ärztliche Schweigepflicht und Seelsorgegeheimnis

Art. 321 StGB nennt verschiedene Berufsgruppen (wie Geistliche, Rechtsanwälte, Verteidiger, Notare, Ärzte, Apotheker, Hebammen sowie die Hilfspersonen der genannten Berufsleute), die zur Geheimhaltung dessen verpflichtet sind, was ihnen infolge ihres Berufs anvertraut worden ist oder was sie in dessen Ausübung wahrgenommen haben. Damit werden einerseits die Privatsphäre des sogenannten Geheimnisherrn und anderseits das Vertrauensverhältnis zu Vertretern dieser Berufe geschützt, das auf Verschwiegenheit beruht.

Neben Ärztinnen und Ärzten sind also auch Seelsorgerinnen und Seelsorger an ein Berufsgeheimnis gebunden und können laut Art. 321 Ziff. 1 StGB[62] auf Antrag bestraft werden, wenn sie ein Geheimnis offenbaren, wobei etwa die Offenlegung der eigenen Dokumentation eine solche Offenbarungshandlung darstellt.

Während die Beschreibung der geheimnisverpflichteten Medizinalpersonen im vorliegenden Zusammenhang keine Schwierigkeiten bereitet, erscheint der im Gesetz genannte Begriff der «Geistlichen» erklärungsbedürftig. Als Geistliche gelten sowohl Bischöfe, Priester, Pfarrerinnen und Pfarrer der Landeskirchen als auch Prediger und Priester aller (Welt-)Religionen.[63] Nicht als Geistliche im Sinne des Strafgesetzbuches gelten hingegen Laienseelsorgerinnen und -seelsorger.[64] Entscheidend für die Qualifikation der Seelsorgerinnen und Seelsorger ist, ob sie «aufgrund einer vertieften Ausbildung berufsmässig seelsorgerisch (nicht nur sozial) tätig» sind.[65]

Die entsprechenden Geheimhaltungspflichten sind darüber hinaus für die Ärzteschaft auch vertrags- und standesrechtlich abgesichert.[66] Für die Seelsorgerinnen und Seelsorger sind dagegen auch kirchenrechtliche Sanktionen möglich. Die evangelisch-reformierte Kirche kennt etwa ein Seelsorge- und Amtsgeheimnis, die römisch-katholische Kirche ein Beichtgeheimnis.[67] Nach

---

62 Schweizerisches Strafgesetzbuch vom 21. Dezember 1937 (SR 311.0).

63 PK StGB-Trechsel/Vest, Art. 321 N 4, in: Stefan Trechsel (Hg.), Praxiskommentar, Schweizerisches Strafgesetzbuch, 3. Aufl., Bern 2018 (zit. PK StGB-Bearbeiter/In, Art. … N …).

64 BSK StGB-Oberholzer, Art. 321 N 5, in: Basler Kommentar, Strafrecht, Strafgesetzbuch, Jugendstrafgesetz, hg. von Marcel Alexander Niggli/Hans Wiprächtiger, 4. Aufl., Basel 2019 (zit. BSK StGB-Bearbeiter/In, Art. … N …).

65 PK StGB-Trechsel/Vest, Art. 321 N 4.

66 Z. B. Aebi-Müller/Fellmann/Gächter/Rütsche/Tag, Arztrecht, § 9 Rz. 56.

67 Pahud de Mortanges, Datentransfer, 617.

Art. 101 Abs. 1 der Kirchenordnung der Evangelisch-reformierten Landeskirche des Kantons Zürich etwa sind Pfarrerinnen und Pfarrer dazu verpflichtet, Geheimnisse, die ihnen um ihres Berufes willen anvertraut werden oder die sie in dessen Ausübung wahrnehmen, zu wahren. Werden sie von anderen Personen unterstützt, so unterstehen diese der gleichen Geheimhaltungspflicht.

4.2.2 Problemlage

Seelsorgerinnen und Seelsorger werden, wie bereits dargelegt, zunehmend als Teil eines interprofessionellen Teams im Bereich der Palliative Care gesehen, was im Interesse einer optimalen interprofessionellen Zusammenarbeit dafür sprechen könnte, sie an der Dokumentation zu beteiligen: einerseits, um Wünsche der Patientinnen und Patienten, die für die betreuenden Gesundheitsfachpersonen relevant sind, schriftlich festzuhalten, anderseits aber auch, um Informationen für eine optimale spirituelle Betreuung aus der vorhandenen Dokumentation zu gewinnen.

Hier ergibt sich nun eine Situation, die einen wieder auf das eingangs genannte Bild von Arzt und Pfarrer zurückwirft, die beide am selben Kranken- oder Sterbebett stehen, aber je auf einer anderen Seite. Beide haben, klassisch betrachtet, nur eine Beziehung mit der Patientin bzw. der Gläubigen, nicht aber eine Beziehung oder gar eine formalisierte Kooperation miteinander. Das Verhältnis beider zur Patientin oder dem Patienten ist sehr persönlich und für das Gelingen auf gegenseitiges Vertrauen angewiesen. Dieses Vertrauen, das ganz wesentlich auch die *Vertraulichkeit* des Austausches umfasst, untersteht nun in beiden Beziehungen der beschriebenen, strafbewehrten Schweigepflicht,[68] d. h. sowohl Pfarrer wie Arzt unterliegen der gleichen Strafdrohung, wenn sie Geheimnisse, die sie im Rahmen ihrer besonders geschützten Beziehung erfahren haben, ohne einen der gesetzlich vorgesehenen Rechtfertigungsgründe einer anderen Person offenbaren. Diese *Geheimhaltungspflicht gilt nun auch gegenüber der jeweils anderen Person; und zwar auch dann, wenn diese selbst ebenfalls Berufsgeheimnisträgerin ist.*[69] Das Arztgeheimnis ist also gegenüber der Seelsorgerin nicht einfach aufgehoben, so wenig wie das seelsorgliche Geheimnis gegenüber der Ärzteschaft als aufgehoben gilt.

4.2.3 Einwilligung

Laut Art. 321 Ziff. 2 StGB machen sich die Geheimnisträger jedoch mit der Offenbarung eines Geheimnisses nicht strafbar, wenn eine Einwilligung des

---

68 Z. B. Aebi-Müller/Fellmann/Gächter/Rütsche/Tag, Arztrecht, § 9 Rz. 55–56.

69 Z. B. A. a. O., § 9 Rz. 78, mit weiteren Hinweisen.

Geheimnisherrn, d. h. im konkreten Fall der Patientin oder des Patienten, vorliegt. Das Gesetz sieht hierfür keine Formvorschriften vor.[70] Nach bundesgerichtlicher Rechtsprechung kann die Einwilligung auch stillschweigend erfolgen.[71] Eine solche darf aufgrund der ausgeprägten Persönlichkeitsnähe der klinisch dokumentierten Tatsachen jedoch nicht leichthin vermutet werden, sondern muss im jeweiligen Kontext unzweideutig sein.

Patientinnen und Patienten können damit ihren Seelsorgerinnen und Seelsorgern gestatten, Einblick in die sie betreffende (interne) Patientendokumentation zu nehmen. Ohne Einwilligung ist dagegen der entsprechende Spielraum, wie bereits beschrieben,[72] sehr eng.

Patientinnen und Patienten können darüber hinaus auch einwilligen, dass in die (internen) klinischen Dokumentationen auch entsprechende Einträge zur seelsorglichen Betreuung vorgenommen werden dürfen. Diese Einträge werden damit für die Medizinalpersonen, die Einblick in die Dokumentation haben, sichtbar. Eine entsprechende Einwilligung umfasst die Offenbarung von seelsorglichen Geheimnissen gegenüber Medizinalpersonen, worauf die Patientinnen und Patienten gegebenenfalls hinzuweisen sind.

Wie bereits beschrieben, sind im Rahmen der externen, elektronischen Dokumentation im Rahmen des EPDG die Grenzen etwas enger gesteckt. Lediglich die Patienten selbst sowie Gesundheitsfachpersonen – zu denen die Seelsorger nach dem eindeutigen gesetzgeberischen Willen nicht zählen – können Einblick ins elektronische Patientendossier nehmen und/oder entsprechende Einträge vornehmen.

4.2.4 Seelsorgende als medizinische Hilfspersonen?

Dass Seelsorgerinnen und Seelsorger, zumindest im Bereich der Palliativmedizin, nach dem jüngeren Verständnis zum Behandlungsteam gehören, wirft die Frage auf, ob nicht ihnen gegenüber das Arztgeheimnis aufgehoben ist, weil sie gewissermassen als Hilfspersonen des ärztlichen Versorgungsteams verstanden werden. Es erscheint allerdings fraglich, ob eine solche Konstruktion dem gesetzgeberischen Leitbild entspricht. Der Gesetzgeber hatte mit der Ausweitung des Geheimnisschutzes auf Hilfspersonen Mitarbeitende vor Augen, die in einer Art und Weise beruflich an der ärztlichen Tätigkeit mitbeteiligt sind, welche die Kenntnis von Tatsachen aus dem Geheimbereich der Patientinnen und Patienten vermittelt oder voraussetzt (medizinische Praxisassistenz,

---

70 PK StGB-Trechsel/Vest, Art. 321 N 28; BSK StGB-Oberholzer, Art. 321 N 22.
71 BGE 98 IV 217, E. 2.
72 Ziff. 4.1., am Ende.

Pflegemitarbeitende, Laborpersonal usw.). Trotz der Integration der Seelsorge in die Teams der palliativen Pflege erscheinen jedoch – zumindest gemessen am gesetzgeberischen Leitbild – die Funktionen der medizinischen und der spirituellen Fürsorge nicht zwingend aufeinander bezogen zu sein. Es entspricht zudem auch nicht dem gesetzgeberischen Leitbild, die Seelsorge als Hilfsfunktion der Medizin zu verstehen, zumal die «Geistlichen» selbstständig als Geheimnisträger mit eigenem Vertrauensverhältnis (zu ihren Gläubigen, die im konkreten Fall auch Patienten sind) neben der Ärzteschaft genannt werden. Ein ähnliches, auf eigentliche Medizinalberufe fokussiertes Verständnis scheint auch der noch sehr jungen Gesetzgebung zum elektronischen Patientendossier zugrunde zu liegen. Nach dem hier vertretenen Verständnis können Seelsorgerinnen und Seelsorger nicht als Gesundheitsfachpersonen im Sinne des EPDG verstanden werden.[73] Dies legt nahe, sie auch weiterhin nicht als Hilfspersonen zu sehen, die im Rahmen ihrer beruflichen Tätigkeit zwingend mit den Ärztinnen und Ärzten zusammenarbeiten müssen.

Die Konsequenzen dieses Verständnisses der Rolle der Seelsorge sind allerdings nicht gravierend. Aufgrund der beschriebenen Möglichkeit der Patientinnen und Patienten, mit ihrer Einwilligung den Seelsorgerinnen und Seelsorgern Einblick in die Patientendokumentation zu gewähren und ihnen die Gelegenheit zu eröffnen, Einträge in die (interne) Dokumentation vorzunehmen oder vornehmen zu lassen, kann, falls gewünscht, für einen hinreichenden Informationsaustausch gesorgt werden.

4.3 Allgemeine Spitalaufenthalte

Während Seelsorgerinnen und Seelsorger in der Palliativmedizin, wie dargelegt, aufgrund ihrer Zugehörigkeit zum interprofessionellen Team eine gewisse Sonderstellung einnehmen, ist dies im normalen Klinikalltag nicht im selben Mass der Fall.[74] Selbst wenn sich teilweise auch hier abzeichnet, dass die Seelsorge immer mehr als Bestandteil des klinischen Gesundheitswesens wahrgenommen wird, sehen die gesetzlichen Grundlagen keine Rechte oder Pflichten betreffend die Dokumentation durch Seelsorgerinnen und Seelsorger vor. Selbst wenn die Möglichkeit zur Dokumentation besteht, ist unklar, ob und wie überhaupt die seelsorgliche Betreuung dokumentiert werden muss.[75]

---

73 Ziff. 3.3.2.

74 Theophil Spoerri, Spitalseelsorge als Anachronismus. Ein Bericht, Basel 2004, 143 beschreibt dies als die «Kehrseite» der «unglaublichen Unabhängigkeit» als Spitalseelsorger. Der Spitalseelsorger arbeite nicht im Team, sondern sei als Einzelner tätig.

75 Ziff. 3.2.

Sinnvoll erscheint aus organisatorischen Gründen zumindest, dass in der (internen) klinischen Dokumentation vermerkt wird, dass eine Seelsorgerin oder ein Seelsorger erwünscht ist oder eine Patientin oder einen Patienten bereits besucht hat.[76] So kann ausgeschlossen werden, dass ein allfälliger Wunsch nach seelsorglicher Betreuung in der Hektik des Klinikalltags vergessen geht. Fraglich erscheint allerdings, ob die Seelsorgerin oder der Seelsorger einen solchen Vermerk selbst (d. h. eigenhändig) in der internen Dokumentation anbringen darf. Die Patientendokumentation enthält unter anderem die Anamnese, die Dokumentation von Aufklärungsgesprächen, Informationen zu vorgenommenen Eingriffen, Pflegemassnahmen sowie Medikation, d. h. besonders schützenswerte Personendaten.[77] Wenn Seelsorgerinnen und Seelsorger selbst Einträge in der internen Patientendokumentation vornehmen könnten, bekämen sie damit auch Einblick in diese besonders schützenswerten Personendaten. Nur wenn beispielsweise, etwa mit technischen Mitteln, ein so eng beschränkter Einblick in die elektronischen Akten gewährleistet wäre, dass die besonders schützenswerten Personendaten nicht offengelegt werden, könnten eigenhändige Einträge zugelassen werden. Einen entsprechenden Eintrag könnte zudem auch das Gesundheitspersonal selbst vornehmen, beispielsweise auf Wunsch der Patientinnen und Patienten oder aufgrund einer entsprechenden Meldung der Seelsorge.

Sofern jedoch Patientinnen und Patienten einwilligen, dass die (interne) Dokumentation auch von den Seelsorgerinnen und Seelsorgern eingesehen und allenfalls um seelsorgliche Aspekte ergänzt werden darf,[78] stellt sich das beschriebene Problem in dieser Form nicht mehr.

5 Zusammenfassung und Ausblick

Vorliegend steht die Frage im Zentrum, ob es rechtlich zulässig ist, die spirituellen Betreuungsleistungen gemeinsam mit den medizinischen Aufzeichnungen in der klinischen Dokumentation festzuhalten und der Seelsorge damit auch die entsprechenden Unterlagen zu öffnen. Explizite Vorgaben zu einer solchen Praxis in internen Pateientendokumentationen fehlen allerdings weitgehend. Es gilt deshalb, eine Balance zwischen Berufsgeheimnis, Datenschutz und optimaler Betreuung von Patientinnen und Patienten zu finden.

---

[76] Siehe interessante Ausführungen zur Zeitwahrnehmung im Klinikalltag in Spoerri, Spitalseelsorge, 61–64.

[77] Landolt, Medizinische Dokumentationspflicht, 14.

[78] Ziff. 4.2.3.

Im Bereich der Palliativmedizin werden Seelsorgerinnen und Seelsorger als Teil des Behandlungsteams betrachtet. Dies ergibt sich aus der WHO-Definition der Palliative Care, aber auch aus weiteren Quellen wie etwa den nationalen Leitlinien zur Palliative Care. Direkte Folgen für die Aufhebung des Arztgeheimnisses gegenüber den Seelsorgerinnen und Seelsorgern – und damit eine Öffnung der klinischen Dokumentation für diese – ergeben sich nach unserer Ansicht daraus allerdings (noch) nicht. Vielmehr wird die Dokumentation der Seelsorge in Patientenakten nach der geltenden Rechtslage (noch) nicht unterstützt. Insbesondere das Gesetz zum elektronischen Patientendossier grenzt den Zugang auf Gesundheitsfachpersonen und Patientinnen und Patienten ein. Zu diesem Personenkreis zählen die Seelsorgerinnen und Seelsorger nicht.

Im regulären Klinikalltag, ausserhalb der Palliativmedizin, werden Seelsorgerinnen und Seelsorger nach wie vor nur sehr beschränkt als Teil des Behandlungsteams betrachtet und haben daher auch nur begrenzte Möglichkeiten, Einblick in die klinische Dokumentation zu nehmen oder diese mit ihren eigenen Einträgen zu ergänzen.

Für weitergehende Befugnisse von Seelsorgerinnen und Seelsorgern ist nach der geltenden Rechtslage immerhin für die interne Dokumentation die Einwilligung der Patientinnen und Patienten möglich und zulässig.

Will man der Seelsorge die klinische Dokumentation sowohl für Einblicke wie auch für Einträge weiter öffnen, ohne dass hierfür eine Einwilligung eingeholt werden muss, erscheint uns die Schaffung expliziter gesetzlicher Grundlagen unumgänglich. Angesichts der Einwilligungsmöglichkeit halten wir eine solche Gesetzesanpassung indes für verzichtbar.

Zusammenfassung: Patientinnen und Patienten haben einen grundrechtlich geschützten Anspruch darauf, neben medizinischer Betreuung auch spirituelle Begleitung in Anspruch zu nehmen. Bei der Dokumentation dieser spirituellen Begleitung gilt es dabei, eine Balance zwischen Berufsgeheimnis, Datenschutz und optimaler Betreuung von Patientinnen und Patienten zu finden. Spiritual Care ist auch in der Schweiz unterdessen zwar als wichtiges Element der palliativen Betreuung anerkannt, doch folgt allein daraus noch nicht, dass die Dokumentation der Seelsorge in klinischen Patientenakten nach der geltenden Rechtslage ohne Weiteres zulässig ist. Grundsätzlich werden die Berufsgeheimnisse von Ärzten und Seelsorgern nach wie vor unabhängig voneinander geschützt. Auch beim Zusammenwirken für denselben Patienten wird der Geheimnisschutz nicht automatisch aufgehoben. Im relativ jungen Gesetz über das elektronische Patientendossier wird die Dokumentation sogar ausdrücklich auf Gesundheitsfachpersonen beschränkt, zu denen

Seelsorgerinnen und Seelsorger nicht zählen. Immerhin ermöglicht es aber eine entsprechende Einwilligung der Patienten oder der Patientin, dass Seelsorgerinnen und Seelsorger in die interne klinische Dokumentation Einblick nehmen und im sachlichen Zusammenhang mit Spiritual Care auch Einträge vornehmen lassen können.

Abstract: Patients have a protected basic right to receive spiritual care in addition to medical care. When documenting this spiritual care, it is important to strike a balance between professional confidentiality, data protection and optimal patient care. Although spiritual care by now has also been recognised in Switzerland as an important element of palliative care, this alone does not mean that the documentation of spiritual care in clinical patient files is readily permitted by law. In principle, medical and pastoral care secrets are still protected independently of each other. Even when working together with the same patient, the protection of secrecy is not automatically lifted. In a relatively recent law concerning electronic patient files, documentation is even explicitly limited to health professionals, which does not include pastoral care workers. At least, however, the patient consent allows pastoral workers to consult the internal clinical documentation and contribute information relevant to the context of spiritual care.

Thomas Gächter, Prof. Dr. iur., ist Inhaber des Lehrstuhls für Staats-, Verwaltungs- und Sozialversicherungsrecht an der Rechtswissenschaftlichen Fakultät der Universität Zürich.

Sarah Hack-Leoni, MLaw, ist wissenschaftliche Assistentin am Lehrstuhl für Staats-, Verwaltungs- und Sozialversicherungsrecht an der Rechtswissenschaftlichen Fakultät der Universität Zürich.

Vom Sinn klinikseelsorglicher Dokumentation im heutigen Gesundheitswesen

Eine theologische Response auf den Beitrag von Thomas Gächter und Sarah Hack-Leoni

Simon Peng-Keller

Thomas Gächter und Sarah Hack-Leoni erkunden aus rechtswissenschaftlicher Perspektive Möglichkeiten und Grenzen seelsorglicher Dokumentation in digitalen Patientendossiers.[1] Ausgehend von grundrechtlichen Vorgaben werden die rechtlichen Eckpunkte herausgearbeitet, um so den Spielraum auszuloten, der für eine seelsorgliche Dokumentationspraxis zur Verfügung steht. Zu diesem Zwecke wird unterschieden zwischen verschiedenen Dokumentationsformen, beispielsweise zwischen einer institutionsinternen Dokumentation und jener in einem extern verwalteten Patientendossier. Der Beitrag macht auch darauf aufmerksam, dass im Bereich der Palliative Care «eine gewisse *Bewegung im Verständnis der Rolle von Spiritual Care*» zu beobachten ist. Seelsorge wird hier als Teil des interprofessionellen Teams betrachtet.

In der Schwebe bleibt, was dies für die seelsorgliche Dokumentation bedeutet. Die juristische Hilfskonstruktion, Seelsorgende als «medizinische Hilfspersonen» zu verstehen, wird von den Autoren aus zwei Gründen als problematisch erachtet: Erstens hatte der Gesetzgeber «mit der Ausweitung des Geheimnisschutzes auf Hilfspersonen Mitarbeitende vor Augen, die in einer Art und Weise beruflich an der ärztlichen Tätigkeit mitbeteiligt sind, welche die Kenntnis von Tatsachen aus dem Geheimbereich der Patientinnen und Patienten vermittelt oder voraussetzt (medizinische Praxisassistenz, Pflegemitarbeitende, Laborpersonal usw.)». Anders als in solchen Situationen sind nach Einschätzung der Autoren «die Funktionen der medizinischen und der spirituellen Fürsorge nicht zwingend aufeinander bezogen». Der zweite Grund, weshalb Seelsorgende nicht als «medizinische Hilfspersonen» zu betrachten sind, wird in der Eigenständigkeit des seelsorglichen Berufs festgemacht. Aus juristischer Perspektive stehen «Geistliche» «selbstständig als Geheimnisträger mit eigenem Vertrauensverhältnis (zu ihren Gläubigen, die im konkreten Fall auch

---

1 Wenn im Folgenden einfachheitshalber von «seelsorglicher Dokumentation» gesprochen wird, meint dies jeweils die seelsorgliche Beteiligung an der interprofessionellen Dokumentation in digitalen Patientendossiers und nicht seelsorgeinterne Formen der Dokumentation.

Patienten sind) neben der Ärzteschaft». Diese juristische Einschätzung wird mit einem einprägsamen Bild veranschaulicht: «Arzt und Pfarrer» stehen «beide am selben Kranken- oder Sterbebett […], aber je auf einer anderen Seite».

Es gehört zu den besonderen Vorzügen des Beitrags von Thomas Gächter und Sarah Hack-Leoni, dass er nach den gesetzgeberischen Leitbildern fragt, die hinter dem geltenden Recht stehen und seine Auslegung bestimmen. Auf diese Weise bauen sie eine Brücke zur Theologie, die sich für diese Frage in besonderer Weise interessiert: Was ist das passende Leitbild für eine heutige Spitalseelsorge, die ihre Aufgabe in einem hochkomplexen Gesundheitssystem wahrzunehmen hat? Und welche Konsequenzen hat dies für die hier zu verhandelnde Frage der seelsorglichen Dokumentation?

1 Spitalseelsorge als Beruf im Gesundheitswesen

Finden sich Seelsorgende, die den heute üblichen klinikseelsorglichen Ausbildungsweg durchlaufen haben, im gesetzgeberischen Leitbild, das Thomas Gächter und Sarah Hack-Leoni nachzeichnen? Und was ist aus praktisch-theologischer Sicht zu dieser evokativen Urszene zu sagen? In ihr treffen sich Arzt und Pfarrer am selben Kranken- oder Sterbebett, ohne dass sich ihre Aufgaben- und Geheimnissphären überschneiden und ohne dass einer den Kompetenzbereich des anderen antasten würde. Was als freundliche Begegnung erscheinen mag, könnte sich bei näherer Betrachtung als ein kalter, rechtlich eingefrorener Frieden herausstellen. Ist doch die Beziehungsgeschichte von Medizin und Religion nicht durchgängig friedlich verlaufen. Selbst wenn Spitalseelsorgende meist viel zurückhaltender sind als theologische Medizinkritiker vom Schlage Ivan Illichs (1926–2002), so sind doch die kritischen Stimmen in seelsorglichen Kreisen in jüngster Zeit lauter geworden. Nicht wenige Seelsorgende verstehen sich als Vertreter humanistischer Werte in einem zunehmend von ökonomischen und technologischen Zwängen bestimmten Gesundheitssystem. Viele verstehen sich eher im Gegenüber als an der Seite von ärztlichen Fachpersonen. Dennoch dürften die meisten die eben beschriebene Urszene am Kranken- und Sterbebett als unangemessene Darstellung ihrer Aufgabe erachten.

Das hat damit zu tun, dass in derselben Zeit, in der Illich sein polemisches Werk *Die Nemesis der Medizin* (1975) verfasste, die sogenannte Seelsorgebewegung den deutschsprachigen Raum erreichte. Diese hat *ihre* Urszene in einer ganz anderen Konstellation:[2] in der interprofessionellen Zusammenarbeit zwischen dem reformierten Pfarrer Elwood Worcester (1862–1940), der bei Wilhelm Wundt und William James studiert hatte und eine Pfarrei in Boston leitete, dem jüdischen Psychiater Isador H. Coriat (1875–1945) und dem am Massachusetts General Hospital tätigen und in Harvard lehrenden Hämatologen Richard Cabot (1868–1939), der auch als Begründer der klinischen Sozialarbeit gilt. Zusammen mit weiteren Seelsorgern und Ärzten entwickelte diese Pioniergruppe ein ambulantes Versorgungsprogramm, das sowohl ärztliche Unterstützung und Gesundheitsedukation als auch seelsorgliche Beratung und Begleitung umfasste. In der 1908 publizierten Programmschrift *Religion and Medicine: The Moral Control of Nervous Disorders*, die auch auf die Bedeutung einer interprofessionellen Dokumentation hinweist, wurde dieses innovative Therapiekonzept erstmals einer breiten Öffentlichkeit vorgestellt. Zwei Jahrzehnte später initiierte Cabot, der zuvor schon die klinische Sozialarbeit inauguriert hatte, zusammen mit Anton T. Boisen (1876–1965) die *Clinical Pastoral Education*, jene Bewegung, die in den 1970er- und 1980er-Jahren auch in der Schweiz zu einem seelsorglichen Paradigmenwechsel führte. Das Seelsorgeparadigma der Klinischen Seelsorgeausbildung (KSA; in der Schweiz bekannt als *Clinical Pastoral Training*, CPT) wird seither in einem breiten theologischen und kirchlichen Konsens als die Standardausbildung anerkannt. Zu ihren Kernmerkmalen gehören:

(1) Der Wechsel von der *Kranken*seelsorge zur *Krankenhaus*seelsorge, wozu eine Übernahme systemischer (Mit-)Verantwortung gehört: Seelsorgende sind auch für Mitarbeitende da und tragen mit ihrer Tätigkeit zum Gesamtauftrag der Gesundheitsinstitution bei, in der sie wirken. Als Anton Boisen am 1. Juli 1924 die erste Seelsorgestelle an der psychiatrischen Klinik des Worcester State Hospitals antrat, war er von Beginn an Teil des interprofessionellen Teams und konnte die Krankengeschichten einsehen.[3]

(2) Der Wechsel von einer konfessionellen Seelsorge zu einer konfessionsübergreifenden Seelsorge: Spitalseelsorgende organisieren ihre Tätigkeit nicht nach konfessionellen, sondern nach klinischen Kriterien. Sie gehen zu den Patientinnen und Patienten, die seelsorgliche Unterstützung am dringlichsten brauchen.

---

2 Zu den historischen und theologischen Hintergründen heutiger Klinikseelsorge vgl. Simon Peng-Keller, Klinikseelsorge als spezialisierte Spiritual Care. Der christliche Heilungsauftrag im Horizont globaler Gesundheit, Göttingen 2021.

3 Dietrich Stollberg, Therapeutische Seelsorge. Die amerikanische Seelsorgebewegung. Darstellung und Kritik, München 1969, 41.

(3) Die interdisziplinäre und pastoralpsychologische Ausrichtung der Seelsorge: Seelsorge vollzieht sich gemäss diesem Paradigma primär im Medium des helfenden Gesprächs und orientiert sich dazu an psychologisch-psychotherapeutischen Methoden und Standards. Die Bedeutung ritueller Vollzüge wird im Rahmen der KSA/CPT zwar ebenfalls vermittelt, doch treten diese insgesamt etwas in den Hintergrund.

Die KSA/CPT verändert die seelsorgliche Urszene: Die Spitalseelsorgerin steht der Ärztin nicht nur gegenüber, sondern sie tritt auch in Kooperation mit ihr. Zudem weitet sich der Blick vom Krankenbett zum Krankenaus, in dem Seelsorgenden zunehmend weitere Aufgaben zuwachsen. Sie arbeiten in Ethikkomitees mit, engagieren sich in der Aus- und Weiterbildung von Pflegefachpersonen, begleiten Mitarbeiterinnen und Mitarbeiter und übernehmen vielfältige beratende Funktionen.

Rechtlich wurde dieser in der Schweiz in die 1970er Jahre zurückreichende Paradigmenwechsel bislang nicht nachvollzogen. Mir ist auch kein Hinweis bekannt, der darauf schliessen lässt, dass sich die erste Generation dieser neuen Spitalseelsorgenden eine solche Anpassung wünschte. Die sich in den 1970er- und 1980er-Jahren neu formierende Spitalseelsorge bewegte sich problemlos im bisherigen rechtlichen Rahmen. Nur am Rande sei vermerkt, dass dieser Rahmen, der die Gemeindeseelsorge und nicht die Seelsorge im Gesundheitswesen im Blick hat, bereits in der Zeit, in der er konstruiert wurde, nicht das ganze Feld der Seelsorge abdeckte. Entwickelten sich doch bereits in der ersten Hälfte des 20. Jahrhunderts Konzepte einer ärztlich-säkularen Seelsorge (z. B. bei Viktor Frankl, Sigmund Freud und Paul Tournier) und wurden (und werden!) gewisse Formen von Spiritual Care in kirchlichen Gesundheitsinstitutionen oft von Ordensleuten und anderen Mitarbeitern wahrgenommen.[4] Was heute «interprofessionelle Spiritual Care» heisst, ist nicht deckungsgleich mit dem, was das geltende Recht als «Seelsorge» reguliert. Das gilt insbesondere für den Bereich der Palliativversorgung.

---

4 Für eine genauere Darstellung, inkl. Belege, vgl. Simon Peng-Keller, Spiritual Care im Gesundheitswesen des 20. Jahrhunderts. Von der sozialen Medizin zur WHO-Diskussion um die ‹spirituelle Dimension›, in: Simon Peng-Keller/David Neuhold (Hg.), Spiritual Care im globalisierten Gesundheitswesen. Historische Hintergründe und aktuelle Entwicklungen, Darmstadt 2019, 13–71, https://files.wbg-wissenverbindet.de/Files/Article/ARTK_ZOA_10220-47_0001.pdf (23.3.2021).

2 Palliative Care als Laboratorium seelsorglicher und gesundheitsberuflicher Spiritual Care

Wie der Beitrag von Thomas Gächter und Sarah Hack-Leoni herausstellt, ist Palliative Care von einem interprofessionellen Versorgungskonzept geleitet, zu dem auch die Seelsorge gehört. Dass Seelsorgende Teil des interprofessionellen Teams sind, gehört zum Verständnis von Palliative Care, das sich im Rahmen der modernen Hospizbewegung herausgebildet hat und sich seit den 1980er-Jahren global etablieren konnte. Damit verwandelt sich auch die Urszene am Krankenbett. Aus dem Gegenüber von Arzt und Geistlichem ist ein Kreis von Professionen geworden, die mit Blick auf palliative Patientinnen und Patienten und deren Angehörige auf Augenhöhe zusammenarbeiten. Neben der Arbeit am Krankenbett, die bei so vielen Beteiligten einer guten Feinabstimmung bedarf, erfüllen Seelsorgende im interprofessionellen Team auch eine konsiliarische Aufgabe, die analog zu jener der Ernährungsberaterin und des klinischen Ethikers zu verstehen ist. Sie beraten das Team in allen Fragen rund um die Spiritual Care, für die sie nicht allein zuständig sind, sondern die sie gemeinsam mit anderen Berufsgruppen und mit ad hoc beigezogenen Seelsorgenden unterschiedlicher Glaubensrichtungen wahrnehmen. Das ist nur möglich im Rahmen eines geteilten Berufsgeheimnisses. Interprofessionelle Besprechungen in der palliativen Komplexbehandlung leben davon, dass alle behandlungsrelevanten Professionen vertreten sind. Nur so können die unterschiedlichen Perspektiven zusammengeführt und miteinander ins Gespräch gebracht werden, nur so kann man sich in einem offenen Austausch über oft komplexe Fragen auf ein gemeinsames Vorgehen verständigen. Um dies unter hocharbeitsteiligen Verhältnissen in einer eng bemessenen Zeit leisten zu können, bedarf es eines vorbereitenden Aktenstudiums. In der Datenfülle, die für elektronische Patientendossiers von palliativen Patienten und Patientinnen charakteristisch ist, muss dabei jede Profession jene Informationen finden, die für sie bedeutsam sind.

In diesem Zusammenhang stellt sich die von Thomas Gächter und Sarah Hack-Leoni diskutierte Frage, ob eine solche Form der Interprofessionalität vereinbar ist mit den rechtlichen Bestimmungen bezüglich der ärztlichen Schweigepflicht und des Seelsorgegeheimnisses. Dabei ist zunächst der Inhalt des Seelsorgegeheimnisses zu bestimmen.[5] Es umfasst persönliche Mitteilun-

[5] Der Einfachheit halber klammere ich das spezifische Problem aus, dass das Seelsorgegeheimnis konfessionell unterschiedlich verstanden und z. B. in der katholischen Theologie vom Beichtgeheimnis abgegrenzt wird.

gen, die einer Seelsorgerin oder einem Seelsorger im Rahmen eines seelsorglichen Gesprächs anvertraut wurde. Es besteht innerhalb der praktischen Theologie ein weitreichender Konsens darüber, dass Seelsorgende vertrauliche Inhalte von Seelsorgegesprächen nur mit Einwilligung der Betroffenen in ein interprofessionelles Gespräch einbringen dürfen. Daraus jedoch zu folgern, dass es Seelsorgenden deshalb von vornherein verwehrt ist, sich aktiv in die interprofessionelle Kommunikation und Dokumentation einzubringen, wäre ein Trugschluss. Hindert das Seelsorgegeheimnis sie doch nicht daran, sich mit eigenen Beobachtungen und Einschätzungen am interprofessionellen Austausch zu beteiligen und davon zu berichten, was sie an seelsorglicher Unterstützung anbieten können. Und es sind eben genau diese Informationen, die für die interprofessionelle Kooperation relevant sind – nicht jene, die dem Seelsorgegeheimnis unterliegen. Dass das «seelsorgliche Geheimnis gegenüber der Ärzteschaft» auch im Bereich der Palliativversorgung nicht aufgehoben ist, ist eine Aussage, die auch aus theologischer Sicht zutreffend ist. Doch spricht dies nicht gegen eine intensive interprofessionelle Zusammenarbeit.

Wie sieht es aber mit der ärztlichen Schweigepflicht gegenüber Seelsorgenden aus? Nach dem von Thomas Gächter und Sarah Hack-Leoni dargelegten Verständnis von Palliative Care, das auch vom Bundesamt für Gesundheit und der Schweizerischen Akademie für medizinische Wissenschaften vertreten wird, ist die Seelsorge in diesem Kontext *kein* externer Dienst, sondern eben Bestandteil des Behandlungsteams bzw. des Versorgungsnetzes. Deshalb wird die Integration der Seelsorge in die interprofessionelle Kommunikation und Dokumentation auch von der für die Zertifizierung von Palliativstationen zuständigen Institution *Qualité Palliative* zu Recht eingefordert. Juristisch gesprochen sind Seelsorgende in diesem Zusammenhang als «medizinische Hilfspersonen» zu betrachten. Wie Gächter und Hack-Leoni hervorheben, entspricht eine solche Bezeichnung nicht dem seelsorglichen Selbstverständnis. Dieses terminologische Problem betrifft nicht allein die Seelsorge. Auch Pflegefachpersonen, Psychotherapeuten und klinische Sozialarbeiterinnen verstehen sich längst nicht mehr als «ärztliches Hilfspersonal». Es ist kritisch anzumerken, dass das geltende Recht die interprofessionelle Zusammenarbeit exklusiv aus einer ärztlichen Perspektive beschreibt. Aus medizinischer Sicht sind die genannten Berufe tatsächlich eine unerlässliche Hilfe, um die ärztliche Aufgabe gemäss den Goldstandards heutiger Palliativ Care erfüllen zu können.

3 Spitalseelsorge als spezialisierter Beruf im Gesundheitswesen

Aus theologisch-seelsorgetheoretischer Sicht gibt es meines Erachtens keinen triftigen Grund, die spitalseelsorgliche Beteiligung an der interprofessionellen Kommunikation und Dokumentation auf den Bereich der palliativen Komplexbehandlung einzuhegen. Spitalseelsorgende arbeiten auf der Palliativstation nicht anders als auf anderen Stationen. Auch die internationale Diskussion und Entwicklung im Bereich Spiritual Care zeigt deutlich, dass die betreffenden Fragen die Spitalseelsorge insgesamt verändern.[6] Wenn für andere Versorgungsbereiche derzeit andere Lösungen gesucht und gefunden werden müssen, als sie in der Palliative Care möglich sind, dann liegt das daran, dass sich das Verständnis einer interprofessionell zu verantwortenden Spiritual Care im Schweizer Gesundheitssystem erst ansatzweise durchgesetzt hat. Ob und in welcher Weise sich eine interprofessionelle Spiritual Care in den nächsten Jahren auch ausserhalb der Palliative Care zu etablieren vermag, hängt nicht zuletzt davon ab, ob die Seelsorge empirisch belegen kann, dass sie in bedeutsamer Weise zur Unterstützung von Patientinnen und Patienten und deren Angehörigen beiträgt.

Um naheliegende Einwände vorwegzunehmen: Das seelsorgliche Mitwirken als therapeutisch relevant auszuweisen, bedeutet weder, dieses zu funktionalisieren, noch impliziert es die Vorstellung, dass sich der Sinn der Seelsorge in einem solchen Mitwirken erschöpft. Theologisch und grundrechtlich gesehen ist Seelsorge sinnvoll und im klinischen Kontext zu verankern, ganz unabhängig davon, ob sie nun in therapeutischer Hinsicht wirksam ist oder nicht. Zugleich gilt: Auch wenn sich die Spitalseelsorge in den vergangenen Jahrzehnten weitgehend unter dem Radar der medizinisch-therapeutischen Qualitätsprüfung in einer «unglaublichen Unabhängigkeit»[7] bewegte, ist es schwer zu bestreiten und inzwischen auch empirisch hinreichend belegt, dass die Tätigkeit der Spitalseelsorge einen Einfluss hat auf das Wohlbefinden von Patienten und Patientinnen und auf therapeutische Prozesse – manchmal auch einen negativen. Es liegt schliesslich auch in der Intentionalität der Spitalseelsorge, dass sie etwas bewirken will. Sie möchte dazu beitragen, dass schwerkranke Menschen und deren Angehörige in Notsituationen Trost und Hoffnung finden. Weil hochvulnerable Personen im Zentrum stehen, bedarf diese Tätigkeit höchste

---

6 Vgl. Simon Peng-Keller/David Neuhold (Hg.), Charting Spiritual Care? The Emerging Role of Chaplaincy Records in Healthcare, Cham 2020.

7 So der von Thomas Gächter und Sarah Hack-Leoni zitierte Theophil Spoerri, Spitalseelsorge als Anachronismus. Ein Bericht, Basel 2004, 143.

Behutsamkeit. Gesundheitsinstitutionen tragen dafür Verantwortung, dass die seelsorgliche Arbeit nur ausreichend qualifizierten Personen anvertraut wird und dass deren Arbeit interprofessionell eingebunden und sorgfältig supervidiert wird.

Was für die Palliative Care gilt, trifft deshalb, mit den nötigen Anpassungen im Einzelnen, auch auf andere Versorgungsbereiche zu. Auch in ihnen können Seelsorgende eine konsiliarische Aufgabe wahrnehmen. Sie dürfte umso wichtiger werden, je komplexer die medizinische Versorgung und das religiös-spirituelle Feld werden. In Antwort auf die Entwicklungen im Gesundheitswesen und in der Gesellschaft durchläuft die Spitalseelsorge derzeit einen weiteren Professionalisierungsschub, der die Ansätze der Seelsorgebewegung des 20. Jahrhunderts unter neuen gesellschaftlichen Bedingungen weiterführt. Vor dem Hintergrund dieser Entwicklungen ist zu vermuten, dass sich die Spitalseelsorge auch in der Schweiz zunehmend als eigenständiger Beruf im Gesundheitswesen etablieren wird. Teilweise wird sie jetzt schon so wahrgenommen.[8] Bereits jetzt gilt für die Angehörigen dieses Berufs nicht nur, dass sie «aufgrund einer vertieften Ausbildung berufsmässig seelsorgerisch (nicht nur sozial) tätig» sind.[9] Durch eine spezialisierte klinikseelsorgliche Ausbildung sind sie darüber hinaus dazu befähigt und befugt, auch im Gesundheitswesen seelsorglich tätig zu sein.

4 Seelsorgliche Dokumentation in digitalen Krankenhausinformationssystemen

Die wachsende Komplexität, die das Gesundheitswesen und die gesellschaftliche Entwicklung allgemein auszeichnet, spiegelt sich auch in elektronischen Patientendossiers. Mit ihren papierenen Vorläufern sind sie kaum mehr zu vergleichen. Die Bezeichnung ist ein understatement: Es handelt sich nicht allein um Dossiers, in denen etwas abgelegt wird (und im besten Fall auch wiedergefunden werden kann), sondern um Kommunikationsinstrumente. Zumindest in grösseren Spitälern läuft klinische Kommunikation und Organisation heute zu einem nicht unerheblichen Teil auch über digitale Krankenhausinformati-

---

8 So z. B. in der jüngsten Stellungnahme der Nationalen Ethikkommission, Schutz der Persönlichkeit in Institutionen der Langzeitpflege. Ethische Erwägungen im Kontext der Corona-Pandemie, 8. April 2020: «Seelsorgende, Psychologinnen und Psychologen wie auch Physiotherapeutinnen und -therapeuten stellen ebenso sehr Gesundheitsfachkräfte dar wie Ärztinnen und Ärzte und Pflegende.»

9 PK StGB-Trechsel/Vest, Art. 321 N 4.

onssysteme, zu denen auch die elektronischen Patientendossiers gehören. Seelsorgende aus dem klinikinternen digitalen Kommunikationsprozess auszuschliessen, wäre nicht allein ein Rückschritt gegenüber den Entwicklungen der letzten Jahrzehnte, sondern verletzte meines Erachtens auch die Sorgfaltspflichten medizinischer Versorgung.

Nun werfen digitale Krankenhausinformationssysteme nicht nur Probleme aller Art auf. Sie eröffnen auch neue Möglichkeitsräume – nicht zuletzt für die Spitalseelsorge. Für das hier verhandelte Thema sind zwei Aspekte besonders wichtig: Zum einen sehen solche Systeme unterschiedliche, in sich abgeschlossene Sektoren vor und entsprechend dazu gestufte Zugangsrechte. Zum anderen erlaubt die mehr oder weniger elaborierte Software neuartige Praktiken der Dokumentation. In Weiterführung der in dieser theologischen Response leitenden Argumentation lautet dabei die primär zu diskutierende Frage nicht, *ob* die Seelsorge ihre Arbeit in solchen Systemen dokumentieren darf und soll, sondern *wo*, *wie* und *für wen* sie das tun soll und welche Informationen ihr für ihre Arbeit zugänglich gemacht werden können.

Diese Fragen sind letztlich kontextuell zu beantworten. Ich beschränke mich deshalb darauf, auf einige grundsätzliche Aspekte hinzuweisen. Was die Frage der Zugangsrechte betrifft, ist zu bedenken, dass für die seelsorgliche Arbeit in der Regel einige grundlegende Informationen genügen dürften. Seelsorgende müssen einschätzen können, welche Patienten und Patientinnen prioritär zu besuchen sind und zu welchem Zeitpunkt dies am günstigsten ist. Zudem ist es für sie wichtig zu wissen, ob Patienten und Patientinnen (z. B. im Rahmen eines psychosozialen Assessments) spirituelle Bedürfnisse geäussert haben oder andere Fachpersonen solche bei diesen wahrnehmen (dazu gehört auch der Wunsch, keinen Besuch eines Seelsorgers zu erhalten). Schliesslich ist es für die Organisation seelsorglicher Arbeit wichtig zu wissen, wer in der Begleitung von Patientinnen und Patienten involviert ist und war.

Die Frage nach den Adressaten seelsorglicher Dokumentation ist schwieriger allgemein zu beantworten. Sie hängt davon ab, in welchem Masse die Seelsorge als Teil des Auftrags einer Institution bzw. als therapierelevant betrachtet wird (was zudem, wenn auch nicht exklusiv, mit Finanzierungsfragen verbunden ist). Die beiden Gründe, die Thomas Gächter und Sarah Hack-Leoni für die «Dokumentation der Pflege und Betreuung» nennen, können in diesem Zusammenhang als Orientierungshilfe fungieren: Die Dokumentation klinischer Seelsorge dient einerseits der interprofessionellen Zusammenarbeit und andererseits «als Grundlage für eine rationale, wirkungsvolle und zuverlässige Betreuung, die solide abgestützte Entscheide erst ermöglicht». Die primären Adressaten seelsorglicher Dokumentation dürften in der Regel Pflegeteams sein, für deren Arbeit es bedeutsam ist, zu wissen, welcher Seelsorger involviert und wie dieser am einfachsten zu erreichen ist, was seitens der Seelsorge geplant ist oder schon stattgefunden hat (z. B. eine Krankensalbung) und worauf in der Pflege besonders zu achten ist (z. B. Ermöglichung gewisser Rituale oder Kontakte).

Die Form und der Ort seelsorglicher Dokumentation hängen von diesen Zielsetzungen ab. Wenn die primären Adressaten Pflegefachpersonen sind, so muss die seelsorgliche Dokumentation in einer für diese Berufsgruppe geeigneten Sprache verfasst sein und an einem Ort gespeichert werden, der für sie leicht zugänglich ist. Um dies gewährleisten zu können, ist es vorteilhaft, wenn die seelsorgliche Dokumentation selbst Teil des Patientendossiers ist. Für die aktuelle Übergangsphase bieten sich jedoch auch andere Lösungen an. So wie administrative Einträge eine eigene Sektion im Krankenhausinformationssystem bilden und nicht zum Patientendossier im medizinischen und rechtlichen Sinne gehören, ist zu überprüfen, ob nicht auch für die Seelsorge ein eigener Dokumentationsbereich eingerichtet und für Gesundheitsfachpersonen leicht zugänglich gemacht werden kann. Da bei Patientendossiers auch das Problem auftreten kann, dass sie sich aufgrund einer Überfülle an Informationen in einen schwer überblickbaren Datenfriedhof verwandeln, könnte es sogar sein, dass die Position der Seelsorge gestärkt würde, wenn sie *innerhalb* eines Klinikinformationssystem einen Ort bekäme, der *ausserhalb* des Patientendossiers liegt, doch mit diesem gut verlinkt ist. Zumindest wäre damit eine rechtlich tragfähige Lösung für die aktuelle Übergangsphase gegeben, in der die therapeutische Relevanz der Spitalseelsorge noch nicht allgemein anerkannt ist und das neue professionelle Profil und verbindliche Standards noch stark in Entwicklung sind.

Zusammenfassung: Im Anschluss an den Beitrag von Thomas Gächter und Sarah Hack-Leoni weist diese theologische Response darauf hin, dass das Schweizerische Recht von einem Verständnis von Seelsorge ausgeht, das in der Schweiz seit den 1970er-Jahren in einem langsamen, von den Kirchen mitvollzogenen Prozess verabschiedet wurde. Die Merkmale des durch die klinische Seelsorgeausbildung geprägten Verständnisses sind: (1) Der Wechsel von der Krankenseelsorge zur Krankenhausseelsorge, wozu eine Übernahme an systemischer (Mit-)Verantwortung gehört: Seelsorgende sind auch für Mitarbeitende da und tragen mit ihrer Tätigkeit zum Gesamtauftrag der Gesundheitsinstitution bei, in der sie wirken. (2) Der Wechsel von einer konfessionellen Seelsorge zu einer konfessionsübergreifenden Seelsorge: Spitalseelsorgende organisieren ihre Tätigkeit nicht nach konfessionellen, sondern nach klinischen Kriterien. Sie gehen zu den Patientinnen und Patienten, die seelsogliche Unterstützung am dringlichsten brauchen. (3) Die interdisziplinäre Ausrichtung der Seelsorge, die sich gegenwärtig im Kontext der Palliativversorgung weiter intensiviert und eine angemessene Beteiligung an der interprofessionellen Kommunikation und Dokumentation erfordert. Insofern die Tätigkeit der Spitalseelsorge das Wohlbefinden von Patientinnen und Patienten und therapeutische Prozesse beeinflusst, verlangt sie nach einer interprofessionellen Abstimmung sowie nach der professionellen und institutionellen Qualitätssicherung. Da dies in digitalisierten und komplexen Gesundheitsinstitutionen nur durch eine sorgfältige Dokumentation zu gewährleisten ist, bedarf es einer rechtlich geregelten Dokumentationspflicht für klinische Seelsorge.

Abstract: Following up on the contribution of Thomas Gächter and Sarah Hack-Leoni, this theological response points out that Swiss law is based on an understanding of spiritual care that has emerged in Switzerland since the 1970s in a slow process and with the involvement of the churches. Characteristics of clinical pastoral training shaped by this understanding are: (1) The change from spiritual care of the sick to spiritual care in hospitals, which involves sharing systemic responsibility. Spiritual care givers are also there for staff and contribute to the overall mission of the health institution in which they work. (2) The change from confessional pastoral care to interfaith spiritual care: hospital spiritual care workers organise their activities according to clinical rather than denominational criteria. They visit the patients who need them most urgently. (3) The interdisciplinary orientation of spiritual care, which is currently intensifying in the context of palliative care and requires appropriate participation in inter-professional communication and documentation. In so far as the activity of hospital spiritual care influences the well-being of patients and therapeutic processes, it requires interprofessional coordination and professional and institutional quality assurance. Since in digitised and complex health care institutions this can only be guaranteed by careful documentation, a legally regulated documentation obligation for clinical spiritual care is required.

Simon Peng-Keller, Prof. Dr. theol., Professor für Spiritual Care an der Universität Zürich sowie Exerzitienbegleiter im Geistlichen Zentrum St. Peter und im Lassalle Haus, Bad Schönbrunn.

Dualität, Beichte und Professionalität

Historische Umrandungen zu Thomas Gächter und Sarah Hack-Leoni

David Neuhold

Recht und Geschichte gehören unweigerlich zusammen, denn rechtlich gesetzte Normen können ohne die Dynamiken der Geschichte nicht verstanden werden. Rechtstexte bilden Vorstellungen, Ideen und Zustände ab und sind eng mit dem kulturellen, politischen und ideologischen Rahmen ihrer Entstehungszeit, in Semantik und Syntax, verkettet. Eine historische Betrachtung zeigt zugleich die Vielfalt rechtlicher Bestimmungen, aber auch deren Veränderbarkeit in normativen Vorstellungen. Bestehendes Recht entwickelt und entfaltet sich dauernd und um die für das Zusammenleben wichtige Rechtsentwicklung wird im Rechtsstaat gerungen.

Vorliegender Beitrag möchte einige Linien aus der für unser Thema wichtigen Bestandsaufnahme von Thomas Gächter und Sarah Hack-Leoni weiterführen und historisch kleinflächig beleuchten. Das kann nur ansatzweise und in allgemeiner Weise geschehen, aber eine Intention wird nichtsdestotrotz deutlich werden. Der Text «will» etwas. Wird so einerseits auf das Bild des Arztes und des Priesters am Krankenbett und daneben die Beichtsituation eingegangen, so wird andererseits und abschliessend die wichtige Frage nach der Dokumentation und ihrer Funktion aufgeworfen – insofern sie auch Professionalisierung erlaubt und befördert. Richtet sich der Blick in den ersten zwei Punkten zu Beginn stärker nach hinten, so haben wir es im dritten auch mit einem Ausblick zu tun. Steigen wir aber zunächst mit etwas Spitalsgeschichte ein.

1 Die Frage bzw. Fragwürdigkeit einer abendländischen Dualität, am Beispiel von «Pfarrer und Arzt»

Seit dem 18. Jahrhundert und mit der Aufklärung, spätestens aber im 19. Jahrhundert begannen Mediziner – vorerst eine reine Männerdomäne –, sich in die Institution des Spitals zu begeben und dieses zu «ihrem Ort» zu machen. Schon Kritiker in der Romantik sprachen von einer «Medikalisierung» des altehrwürdigen Spitals, das als Hospiz historisch nicht nur Kranken, sondern Alten, Gebrechlichen und Armen offenstand. *Cure* (Therapie) statt *care* (Pflege), so wurde nun kritisch festgestellt, krude Funktionalität statt menschlicher Ganzheit. So etablierten sich etwa medizinische Aufnahme- und Diagnoseverfahren, welche auch den neuen Status der Mediziner veranschaulichten. Ärztliche Ritualisierungen wie das eines militärisch angehauchten Visiten-Systems kamen auf. Die naturwissenschaftliche Medizin, die sich an Chemie, Biologie und Physik orientierte,[1] gewann zudem die Oberhoheit in den nun neu auch «Kliniken» genannten Institutionen. Allmählich wurden diese an die Universitäten und deren Lehr- und Forschungsbetrieb angebunden.

Die Idee von «Gesundheit» wird seit dieser Zeit zentral mit den Bildern von «Arzt» und «Krankenhaus» verknüpft. Das ist ein neuer Zugang. Krankenhäuser wurden «quasi-sakrale» Orte, an denen man sich Wunder erhoffte, insbesondere der Operationssaal mutierte zu einem Hoffnungsort par excellence. Es versteht sich von selbst, dass es in diesem Kontext zu «Konkurrenzen» von Geistlichen und Ärzten am Kranken- und Sterbebett[2] kam und zu neuen (Ablösungs-)Erzählungen/Narrativen, so z. B., dass sich medizinische Errungenschaften einzig und allein dem arabischen Raum zu verdanken hätten. Die «eigene» Kulturgeschichte wurde so depotenziert. Persönlichkeiten wie Rudolf Virchow (1821–1902), der freimütig den Begriff des «Kulturkampfes» kreierte und benützte, hatte Theologie studieren wollen. Virchow wurde aber zu einem der bekanntesten Ärzte und liberalen Politiker des 19. Jahrhunderts.[3] (Christliche) Religion sah sich in diesem System oft als unliebsames Relikt der Vergangenheit, das man mehr oder weniger tolerierte. Nehmen wir diesen Befund ernst, und er lässt sich quellenmässig gut abstützen, dann ist es erstaunlich, dass es dieses «Überbleibsel» heute noch gibt.

Dichotomisierungen wie «Religion und Politik», «Kirche und Staat» sowie jünger und hier relevant «Priester und Arzt» sind freilich älteren Datums. Weder können sie als eine Erfindung des 19. Jahrhunderts gelten noch als kristallklare, originäre Idee von modernen Laizisten welcher Couleur auch immer. Denn diese führen formal gesehen manchmal eher päpstliche Akzente und An-

---

1 Vgl. Eduard Seidler/Karl-Heinz Leven, Geschichte der Medizin und der Krankenpflege, Stuttgart ^{7}2003, 179–230.

2 Vgl. Karen Nolte, Todkrank. Sterbebegleitung im 19. Jahrhundert: Medizin, Krankenpflege und Religion, Göttingen 2016, 192–204.

3 Vgl. Constantin Goschler, «Wahrheit» zwischen Seziersaal und Parlament. Rudolf Virchow und der kulturelle Deutungsanspruch der Naturwissenschaften, in: Geschichte und Gesellschaft 30/2 (2004), 219–249.

sprüche der klerikalen Gregorianischen Reform weiter. Laizisten würden freilich nicht gerne sehen und hören, in welcher Nachfolge sie stehen. Schon im Hochmittelalter wurden die Bereiche «sakral» und «profan» vermessen und grundlegend voneinander abgegrenzt. Sind Trennungen dieser Art im Sinne einer Ausdifferenzierung und Pluralisierung einerseits eine Errungenschaft,[4] so sind sie andererseits auch eine Fiktion. «Hinkende Trennungen» werden nicht nur, aber vor allem und zurecht im deutschsprachigen Staatskirchenrecht mit guten Gründen gewürdigt und unterstützt. Denn die starke Emphase, die künstlich Bereiche trennt, welche nicht zu trennen sind, ist unrealistisch und intolerant: Man könnte die Entwicklungen von Spiritual Care und die Rede von Spiritualität im Gesundheitsbereich daher in grundsätzlicher Weise so verstehen, dass es sich um ein Bestreben handelt, die bislang oftmals harsche Trennung der beiden Sphären zu hinterfragen oder aufzubrechen.[5]

Sogar im französischen Kontext einer strengen, hochemotionalen und -politischen Laizität wird seit 1905 für die Bereiche des Gefängnisses, des Militärs und des Spitals eine gangbare Kooperation zwischen staatlichen und kirchlichen Akteuren gesucht und immer neu (auch jüngst) austariert.[6] Gerade im Militärbereich verstärkten und verschränkten sich nach dem ersten Weltkrieg Kooperationen aller Art, insbesondere im dann «siegreichen» Frankreich. Nach einer ersten Phase kämpferischer Opposition zwischen der laizistischen III. Republik (1870–1940) und der römisch-katholischen Kirche wurde eine neue Form der Konvivenz gesucht und gefunden.

Bei aller berechtigten Trennung müssen die Bereiche «sakral» und «profan» also zusammengehalten werden. Ein plumpes Ausspielen des einen gegen das andere hat oft machtpolitische und statuspragmatische Hintergründe und muss ideologiekritisch betrachtet werden. Es ist absehbar und möglich, dass sich die Härten aus dem Konfrontationskurs des 19. Jahrhunderts auswaschen könnten – Hans Maier etwa traut dies liberalen Demokratien zu.[7] Die Alternativen des 19. Jahrhunderts sind denn heute auch nicht mehr plausibel. Eine massive Entkirchlichung der Gesellschaft trägt das Ihre dazu bei, dass eine

---

4 Vgl. Ahmet Cavuldak, Gemeinwohl und Seelenheil. Die Legitimität der Trennung von Religion und Politik in der Demokratie (Edition Politik 22), Bielefeld 2015.

5 Simon Peng-Keller, Klinikseelsorge als spezialisierte Spiritual Care. Der christliche Heilungsauftrag im Horizont globaler Gesundheit, Göttingen 2021, 44–67.

6 Victor Guset, Les aumôniers entre les Églises et l'État, in: Revue française de droit administrative 4 (2018), 639–649; Francis Messner, The Status of Spiritual Assistance in France, in: Jiří Rajmund Tretera/Záboj Horák (Hg.), Spiritual Care in Public Institutions in Europe (Kirche & Recht, Beihefte 3), Berlin 2019, 39–50, hier 48, 49.

7 Hans Maier, Gemeinwohl und Seelenheil sind zweierlei, in: NZZ, 24. April 2016 (Online-Version). Es handelt sich dabei um eine Besprechung des Werkes von Cavuldak, Gemeinwohl.

Grundsäule für diesen Konflikt entfällt. Auch der Pfarrer in «herkömmlicher Form» ist nur mehr selten am Krankenbett vertreten und das Verständnis der Ärzteschaft hat sich teilweise geändert, was deren Profession – Teamarbeit ist in hochspezialisierten Umfeldern unumgänglich – und Spiritualität – denn eine neue, breite Offenheit zeigt sich – angeht.

2 Die Frage des Beichtgeheimnisses bzw. von der Gefahr, Krankenhausseelsorge allein auf Beichte hin zu bestimmen ...

Nun aber zu einem zweiten Punkt, der bei Gächter und Hack-Leoni kurz, aber doch zentral, Anklang findet. Er zeigt generell die Wirkmächtigkeit der Religions- und Kulturgeschichte. George Herbert Mead, Alois Hahn und neuerdings der Kirchenhistoriker Hubertus Lutterbach haben sich mit der Beichte als Faktor der Introspektion und Selbstvergewisserung auseinandergesetzt und ihr historisch-genetisch ein besonderes Gewicht zugemessen. Insbesondere für die epochale Phase von 600–1500 sei eine besondere Bedeutung des Beichtinstituts zu ersehen. Lutterbach gleicht die Beichte mit der jüngeren Supervision historisch ab und nimmt eine Einordnung vor, die für unsere Frage nicht ohne Belang ist. Denn: Zugänge, Methoden und Haltungen der Supervision haben das Breitenphänomen der Beichte als «Beratungs- und Therapieform» (Lutterbach) abgelöst.[8]

Münzen wir das auf die Krankenhausseelsorge um, so steht diese heute der Supervision in weiten Bereichen näher als dem Beichtparadigma. Trotzdem scheint das Recht noch eher die Beichte im Blick zu haben. Es ist aber so, dass (konfessionelle und kulturelle) Offenheit, die Zukunftsgerichtetheit der Begleitung, starke Patientenzentrierung, Prozess- und Gemeinschaftsbezug und Orientierung auf das Positive nunmehr in der Seelsorge im Zentrum stehen. Obwohl es eine historische verbriefte Verbindung der Krankenhausseelsorge zur Beichte – im Mittelalter war die Beichte oft eine Notwendigkeit, in ein Spital aufgenommen zu werden – gibt, wäre es eine drastische und fehlgeleitete Verkürzung, sie darauf paradigmatisch bzw. emblematisch festzulegen. Es käme dies einer immensen Reduktion gleich, ist die (Ohren-)Beichte doch bei allen Vorzügen auch ein Instrument, das sich an konfessionelle Grenzen, an externen «objektiven» Normen, einer Hierarchie mit «Experten» in einem formalisierten Rahmen und dem «vergangenen Negativen» eines Einzelnen bzw. einer Einzelnen ausrichtet. Ohne diese Institution im Geringsten abwerten zu

---

8 Hubertus Lutterbach, Introspektion und Selbstthematisierung in Beichte und Supervision. Ein christentumsgeschichtlicher Vergleich, in: Kirchliche Zeitgeschichte 28/2 (2018), 328–343.

wollen, spricht Lutterbach von einem «mechanistischen Weltbild», das «bis heute hinter der Beichte»[9] stehe.

Mit der Beichte ist das Beichtgeheimnis kulturgeschichtlich eng verwoben. Geschichtlich gesehen ist diese Verknüpfung nicht zwingend, kannte doch etwa die Alte Kirche die öffentliche Busse. Besagter Konnex hat sich seit dem IV. Laterankonzil (1215) herausgebildet und als eine, trotz Missbrauch und berechtigter Kritik, veritable Erfolgsgeschichte erwiesen. Menschen brauchen geschützte Räume, im Recht, in der Medizin, in der psychologischen bzw. seelsorglichen Betreuung,[10] sodass sowohl die Privatheit wie auch die Beziehungen geschützt sind, wie Regina E. Aebi-Müller aufzeigt.[11] Ohne Frage gilt es, Wege zu finden, diese Vertraulichkeit sicherzustellen. Die wenigsten würden das verneinen, und es kann diese Vertraulichkeit auch für die Seelsorge relativ einfach sichergestellt werden – weit einfacher als in Bereichen der allermeisten digitalen «Welten», die uns mittlerweile in Arbeit und Freizeit umgeben.

Es gibt aber Stimmen, die auf die Vertraulichkeit abzielen und damit einen Raum eingrenzen – und zugleich ausgrenzen, der dann den Seelsorgern zugewiesen wird (überzeichnet als «pro-fanum» einer «sakralen, klerikalen Medizin»). Die sogenannte Loewy-Debatte im US-amerikanischen Kontext der Krankenhausseelsorge ist ein eindrücklicher Beleg dafür, dass gewisse Ärzte mit der Betonung auf Vertraulichkeit die Seelsorgenden im Gesundheitsbereich aussparen wollen. Einer befürchteten Statusaufwertung der Seelsorge wird dabei entschieden entgegengetreten. Fakt bleibt: Das säkularisierungsresistente, historisch vom Beichtgeheimnis herkommende Konzept «(möglichst) absoluter Geheimhaltung» muss und kann sichergestellt werden, ohne sich mit ihm auf dem Buckel in eine irrelevante, solipsistische Position hineinzumanövrieren, in der Religion als «optionale, nur eine Glaubensgemeinschaft betreffende Privatsache»[12] gesehen wird. Krankenhausseelsorge ist ein Ort spezifischer «natürlicher Theologie», wo Fragen der Theodizee, des Leides und des Schmerzes, des Lebenssinns und des Schicksals oder positiver: auch der Lebensbilanz und der Freude bzw. Dankbarkeit auftauchen. Diese Fragen sind

---

9 Lutterbach, Introspektion, 340.

10 Vgl. etwa Josef Goldbrunner, Glaubensanstösse. Fragen und Antworten für die Seelsorge, München 1995, 62–74.

11 Regina E. Aebi-Müller, Patientendaten und Persönlichkeitsschutz, in: Jusletter, 27. April 2020, insbesondere Punkt 2.2., 4–5.

12 Olivier Roy, Le croyant est-il un consommateur comme un autre?, https://www.nouvelobs.com/idees/20200508.OBS28544/le-croyant-est-il-un-consommateur-comme-un-autre-par-olivier-roy.html (19.05.2020): «la pratique religieuse est vue, tant par les politiques que l'opinion publique, comme ‹facultative›, individuelle, et ne concernant qu'une communauté parmi d'autres».

relevant und betreffen nicht nur subjektive Sinnhorizonte und -suche, sondern sind wohl auch für jene von Interesse und Relevanz, welche sich solche Fragen nicht stellen. Zugespitzt ausgedrückt könnte von «Systemrelevanz» der Spiritual Care gesprochen werden, was sich nicht zuletzt in der Resilienz-Forschung[13] deutlich zeigt.

In der aktuellen Situation gilt es auch verstärkt zu fragen, woher die Seelsorger bzw. Spiritual-Care-Giver kommen bzw. sich rekrutieren. Ein historischer *shift* ist zu konstatieren: Der klassische Anstaltspriester oder -pfarrer, oftmals schon im Ruhestand, unbestritten wichtiger Vorläufer der Berufsgruppe der Krankenhausseelsorger, ist nunmehr eher zur Ausnahme geworden. Das «Personal» und seine «Herkunft» sind also zu berücksichtigen, wenn wir an dieser Stelle nochmals die Wirkmächtigkeit des Beichtparadigmas betrachten. Ein zentraler Punkt ist, woher dieses Personal (soziologisch besehen) kommt, wie es ausgebildet wird und woran es sich orientiert. Aus einer römisch-katholischen Perspektive wäre es seltsam, eine Professionsgruppe auf ein Sakrament, nämlich das der Beichte, hin auszurichten, das von einem Grossteil der Gruppe (u. a. den weiblichen Seelsorgerinnen) kirchenrechtlich gar nicht umgesetzt werden kann und darf.

Die Beichte spielt, wie die ganze Tradition, in der Theologie eine wichtige Rolle. Eine Berufsgruppe jedoch auf ein «Sakrament» beschränken zu wollen, ist fragwürdig und entspricht nicht den gelebten Realitäten eines modernen Spitalkontexts. Die Diskussion täte also gut daran, die Debatte rund um Dokumentation kritisch auf das Beichtgeheimnis als leitend-normatives Motiv im Hintergrund zu befragen (gerade auch bei säkularen Akteuren) um die Diskussionen daraufhin, wenn nötig, auch wieder davon zu entkoppeln. Diese Entkoppelung kann geschehen, ohne dem Institut der Beichte in herkömmlicher Form und gesetztem Verständnis Schaden zuzufügen. Das Seelsorgegeheimnis der Profession der Krankenhausseelsorgerinnen und -seelsorger würde sich dabei wohl dem (allgemeinen) Berufsgeheimnis annähern und seinen «Sonderstatus» abstreifen.[14] De facto ist eine solche Entwicklung schon seit Längerem im Gange.

---

13 Vgl. dazu für einen aussereuropäischen Kontext: Nadereh Memaryan/Zeinab Ghaempanah/Naser Aghababaei/Harold G. Koenig, Integration of spiritual care in hospital care system in Iran, in: Journal of religion and health 59 (2020), 82–95.

14 Vgl. dazu die Beiträge von Michael Coors, David Neuhold und Ralph Kunz, in: Simon Peng-Keller/David Neuhold/Ralph Kunz/Hanspeter Schmitt (Hg.), Dokumentation als seelsorgliche Aufgabe. Elektronische Patientendossiers im Kontext von Spiritual Care, Zürich 2020, Abschnitt «Seelsorgegeheimnis», 153–220.

3 Die Frage der Professionalität und Dokumentation: Beobachtung und Fortschritt

Werfen wir nun nochmals zwei Blicke in die Geschichte, um dann, am Schluss, einen Ausblick zu wagen. Ein letztes Mal soll dazu auf die Beichte als «Introspektionsgenerator» (Lutterbach) eingegangen, noch einmal auf die Medizingeschichte und Krankenhausgeschichte rekurriert werden. Denn Dokumentationspraktiken waren eine immense Triebfeder von Entwicklung und Fortschritt in beiden Bereichen.[15] Natürlich hat man Menschen in Krankenbetten (wie auch in Beichtstühlen) zu kruden «Fällen» «degradiert», auf Studienobjekte reduziert und einen riesigen, oft kühlen Verwaltungsapparat mit viel Eigendynamik darum errichtet. Schon früh wurden so Statistiken geschönt, um Krankenhäuser nicht in ein schlechtes Licht zu rücken und die Angst vor Krankenhaussterblichkeit zu nehmen. Aber die exakte, interprofessionelle Beobachtung am Krankenbett und deren Dokumentation waren für den klinischen Fortschritt (besonders im Kontext der Spitalsorden, z. B. der Barmherzigen Brüder[16]) ebenso entscheidend wie die technischen, chemischen oder mikrobiologischen Errungenschaften. Beobachtung und Aufzeichnung erlaubten einen Professionalisierungsschub, schärften die «Sehkraft» wie das Mikroskop auch. Traditionelle Instanzen wie die herkömmliche Humoraltherapie Galens wurden dabei am Ende des 18. und am Anfang des 19. Jahrhunderts zurückgedrängt. Die Empirie wurde zu einem mächtigen Standbein der Medizin.

Dass Dokumentation selbst für das (neu ab dem 13. Jahrhundert) mit dem Geheimnis belegte Institut der Beichte von Bedeutung war, wenn auch in anderer Form, zeigen so manche der Literaturgattungen seit dem Hochmittelalter: Beichtbücher, Busssummen und Beichtspiegel, die selbstverständlich auf anonymisierten Erfahrungswerten basierten. Mit ihnen wurde ein Introspektionssystem errichtet, dass nach Mead, Haas und Lutterbach das «Ich» (englisch als «me») bespiegelte und förderte. Das heisst auf heutige Verhältnisse umgelegt: Es braucht auch diese methodische, empirische Schiene, insbesondere in einer Theologie und Seelsorge, die auf «Erfahrung» und «Erleben» ausgerichtet ist. Die Verschriftlichung von Prozessen ist dabei entscheidend. Dokumentation, für andere und mit anderen, beinhaltet die Option eigener Weiterentwicklung, die universitäre Theologiegeschichte ist dafür Beleg genug und in dieser stehen

---

15 Vgl. Volker Hess, Formalisierte Beobachtung. Die Genese der modernen Krankenakte am Beispiel der Berliner und Pariser Medizin (1725–1830), in: Medizinhistorisches Journal 45/3–4 (2010), 293–340, dazu Peng-Keller/Neuhold, Charting Spiritual Care? (Einleitung).

16 Hess, Formalisierte Beobachtung, 329.

wir auch in vorliegender Diskussion. Gewiss, man kann vom Recht nicht erwarten und fordern, dass es Teilbereiche einer Gesellschaft durch neue Koordinaten zu einer Professionalisierung verhilft. Aber wie vorher angetönt, geht es hier auch um einen Ausblick und es scheint klar, dass sich (religions)rechtliche Grundlagen verändern werden. Die Krankenhausseelsorge bietet verstärkt kooperativ und interprofessionell ihre Mitarbeit im Gesundheitswesen an.[17] Darauf muss das Recht antworten und auch eine Nicht-Antwort wäre eine Reaktion.

Nun könnte die angesprochene Dokumentation eher intern, in den stärker geschützten Wänden der eigenen Profession, umgesetzt werden. Aber es stellt sich die entscheidende Frage, ob sich für das Patientinnenwohl eine bestimmte und reduzierte Form von geteilter Information aus dem Seelsorgebereich, z. B. über vorgefertigte Checkboxen, nicht als grosser Vorteil erweisen könnte. Eine solche Praxis wäre nicht nur gesundheitsrelevant, sondern auch realitätsnah und könnte, weil sich immer mehr Menschen in der Schweiz als spirituell (und nicht religiös gebunden) bezeichnen, schnell auf individuelle und gesellschaftliche Bedürfnisse reagieren.

Die Frage dieses Bandes wissenschaftlich detailliert auszuloten, darum geht es dem vorliegenden Projekt und diesen Zeilen. Die Geschichte kann hier keine klaren Antworten liefern, sie ist keine Lehrerin im Modus des Frontalunterrichtes. Wir können uns aber von ihr inspirieren lassen – im Sinne einer Seminar-Diskussion (lat. *seminare*: aussäen) – und die Welt mit Blick auf sie weiterentwickeln, *nova ex vetere oder reformatio in pristinum.*[18] In der einen oder anderen Form tun wir dies alle (und immer).

Zusammenfassung: In drei kurzen Anläufen behandelt der Artikel ausgewählte Aspekte des Beitrags von Gächter und Hack-Leoni und führt diese historisch aus: Es geht einerseits um die abendländische Dualität, die sich auch in der Urszene von «Priester und Arzt» am Krankenbett spiegelt, andererseits um das Beichtgeheimnis, das kulturell subkutan nach wie vor starke Einflüsse aufweist und Bilder im Kopf produziert, und schliesslich um die Frage der Dokumentation als Instrument des Fortschritts. Die zentrale Frage in der hier geführten Debatte scheint zu sein, ob die spirituelle Dimension ein integratives Element in der gesundheitlichen Versorgung darstellt oder ob man sie als separates Element ansieht, oder andersherum formuliert: Gehören Seelsorgende zum Krankenhausteam oder

---

17 Vgl. Renata Aebi/Pascal Mösli, Interprofessionelle Spiritual Care. Im Buch des Lebens lesen, Bern 2020, passim.

18 Hubert Wolf, Plusquam ancilla theologiae. Was die Kirchengeschichte zu aktuellen Reformdebatten beitragen kann, in: ET-Studies 10/1 (2010), 23–34.

nicht? Das jetzige rechtliche Rahmensystem in der Schweiz favorisiert zurzeit eher das letztgenannte Moment.

Abstract: In three brief attempts, this article deals with selected aspects of the contribution of Gächter and Hack-Leoni. It elaborates on them historically: On the one hand it is about occidental duality, which is also reflected in the primal scene of «the priest and the doctor» at the sickbed, on the other hand about the confessional secret, which still shows strong cultural subcutaneous influences and produces images in the head. And finally, the article deals with the question of documentation as a method and instrument of progress. The central question in the debate here seems to be whether the spiritual dimension is an integrative element in health care, or whether it is seen as a separate moment. Or put differently: Are spiritual care givers part of the hospital team or not? The current legal framework in Switzerland currently favours the latter case.

David Neuhold, PD Dr., Mag. theol., Wissenschaftlicher Mitarbeiter an der Professur für Spiritual Care an der Universität Zürich, Lehrbeauftragter an den Universitäten Luzern und Freiburg i. Ue., sowie ebendort Wissenschaftlicher Mitarbeiter bei der Schweizerischen Zeitschrift für Religions- und Kulturgeschichte (SZRKG).

Klinikseelsorge und Recht

Ein Blick nach St. Gallen

Claudius Luterbacher

1 Einführung

Der vorliegende Beitrag fokussiert sich auf den Bereich der Klinikseelsorge im Kanton St. Gallen. Ein solcher Fokus auf ein konkretes kantonales Umfeld erlaubt es, die Diskussionslinien zwischen positivrechtlichen Grundlagen, dem Umgang in der Praxis und den entsprechenden Entwicklungen genauer aufzuzeigen als dies in einem Gesamtblick auf die gesamte Schweiz möglich wäre. Andererseits bleibt dieser Blick natürlich lokal verhaftet und muss sich der eigenen Grenzen immer bewusst sein.

Im Kanton St. Gallen kann Seelsorge im Umfeld von Kliniken eingeteilt werden in:

- Seelsorge in den öffentlichen Spitalregionen,
- Seelsorge in privaten Kliniken,
- Seelsorge in der stationären psychiatrischen Versorgung,
- Seelsorge im Palliativbereich, insbesondere im Hospiz-Umfeld.

Im weiteren Sinn müsste auch der Bereich Alters- und Pflegeheime diskutiert werden, wovon an dieser Stelle aber abgesehen wird.

Es wird hier zunächst der aktuelle rechtliche Rahmen aufgezeigt, welcher verschiedene Ebenen beinhaltet. Einerseits besteht eine rechtliche Grundlage für die Klinikseelsorge als solche, wenn auch auf Ebene der kantonalen Gesetzgebung im Fall des Kantons St. Gallen nur rudimentär. Andererseits ist die Klinikseelsorge im Kanton St. Gallen geprägt von Vereinbarungslösungen zwischen den Landeskirchen und den Kliniken.

Sodann soll näher auf die Problemstellung des Seelsorgegeheimnisses eingegangen werden, welche im besonderen Mass – aber nicht nur – für die Frage der Mitwirkung am und Einsicht ins Patientendossier seitens der Seelsorge von Interesse ist. Die in der Literatur bereits recht breit diskutierte rechtliche Frage wird hier konfrontiert mit einem Blick in die Praxis, denn bekanntlich zeigt erst der konkrete praktische Umgang sowohl Möglichkeiten als auch Grenzen einer rechtlichen Regelung an und macht deutlich, wo Desiderate und Ansätze für eine Rechtsentwicklung liegen. Im Sinne des Grundsatzes *ius sequitur vitam* scheint der Blick in die Praxis gewinnbringend.

2 Aktueller rechtlicher Rahmen

Grundsätzlich darf davon ausgegangen werden, dass Seelsorge im klinischen Umfeld durch das Grundrecht der Religionsfreiheit erfasst ist. Dies im positiven Sinn, also im Sinn des Rechts auf religiöse Praktiken, Ausdrucksformen, Riten und Begleitung, aber auch im negativen Sinn in Form des Grundrechts, keine religiöse Begleitung usw. in Anspruch nehmen zu müssen. Die entsprechende Übersetzung dieses Grundrechts findet sich etwa in Art. 15 BV oder in den entsprechenden Artikeln kantonaler Gesetzgebung.

Im Kanton St. Gallen zeigt sich darüber hinaus im geltenden Recht weder auf Verfassungs- noch auf Gesetzesstufe eine Regelung über die Klinikseelsorge. Einzig in der Spitalorganisationsverordnung heisst es in Art. 64:[1]

> «Im Einvernehmen mit den Konfessionsteilen werden eine katholische und eine evangelische Patientenseelsorge bestellt. Andere Glaubensgemeinschaften können für ihre Mitglieder eine eigene Seelsorge bestellen. Diese ist im Rahmen eines geordneten Spital- und Klinikbetriebs gewährleistet.»

Weitere direkt die Klinikseelsorge betreffende kantonale Regelungen existieren für den Kanton St. Gallen nicht. Indirekt ist selbstverständlich eine Reihe von rechtlichen Regelungen auf kantonaler oder eidgenössischer Ebene für den Bereich Klinikseelsorge relevant, so beispielsweise: Datenschutzgesetzgebung, strafrechtliche Regelung im Bereich des Seelsorgegeheimnisses, personalrechtliche Regelungen (sei es das öffentliche kantonale Recht oder das Personalrecht der jeweiligen anstellenden Landeskirche).

Die Klinikseelsorge im Kanton St. Gallen ist rechtlich geprägt von Vereinbarungen. Diese können den allgemeinen rechtlichen Rahmen nicht übersteuern, sondern regeln innerhalb dieses Rahmens die konkreten Bedingungen und Ausformungen der Klinikseelsorge. Heute bestehen Vereinbarungen zwischen den beiden Landeskirchen (genau genommen: Evangelisch-reformierte Kirche des Kantons St. Gallen, Bistum St. Gallen und Katholischer Konfessionsteil des Kanton St. Gallen) und verschiedenen Parteien im Bereich stationärer Gesundheitsversorgung: öffentliche Spitalverbunde, Psychiatrieverbunde, Privatkliniken, Kinderspital, Hospiz St. Gallen. Wesentliche Punkte, die in diesen Vereinbarungen jeweils in ähnlicher Weise geregelt werden, sind:

---

1 Verordnung über die medizinische und betriebliche Organisation der kantonalen Spitäler, psychiatrischen Kliniken und Laboratorien vom 17. Juni 1980 (sGS 321.11).

- Ziele der Seelsorge (Begleitung von Patientinnen und Patienten sowie deren Angehörigen während des Spitalaufenthalts; Beratung des Spitalpersonals; Vermittlung von Kontakten zu Kirchgemeinden, Pfarreien, zu Seelsorgenden anderer Glaubensgemeinschaften oder Sprachgruppen),
- Aufgaben der Seelsorge (Besuche von Patientinnen und Patienten; Betreuung der Angehörigen und des Spitalpersonals; Herstellen der Kontakte zu Seelsorgerinnen und Seelsorgern des Wohnortes, der entsprechenden Konfession, Religion oder Sprache; Gestaltung religiöser Feiern im Spital, der Klinik usw.; Unterstützung bei fachübergreifenden Themen und Mitwirkung bei interdisziplinären Gremien),
- Wahl und Wahlvoraussetzungen,
- Rechte und Pflichten (Pflege eines regelmässigen Austauschs mit den Geschäftsleitungen; Seelsorgerinnen und Seelsorger «erhalten zum ausschliesslichen Gebrauch vor Ort die für die Ausübung ihrer Tätigkeit erforderlichen Patientenlisten»;[2] Durchführung von Besuchen ohne Aufsicht in Patientenzimmern oder anderen geeigneten Räumen; Information der Geschäftsleitung über Wahrnehmungen, «die dem seelischen, geistigen oder körperlichen Wohl der Patientinnen und Patienten entgegenstehen, soweit es mit ihrer seelsorgerischen Schweigepflicht vereinbar ist»;[3] Ausübung der Aufgabe in ökumenisch und interreligiös offenem Geist),
- Aufsicht durch die Landeskirchen,
- Pensen- und Entschädigungsregelung.

Interessant sind in der hier diskutierten Fragestellung Nuancen zwischen der Vereinbarung mit den Spitalverbunden und derjenigen mit dem Hospiz St. Gallen, was die Rechte und Pflichten der Seelsorgerinnen und Seelsorger anbelangt. In der Vereinbarung mit dem Hospiz St. Gallen heisst es:

- «Die Seelsorgerinnen und Seelsorger pflegen einen regelmässigen Austausch mit der Leiterin Pflege im Hospiz St. Gallen.» (Vereinbarung Spitalverbunde: Austausch mit der Geschäftsleitung)
- «Seelsorgerinnen und Seelsorger erhalten zum ausschliesslichen Gebrauch vor Ort die für die Ausübung ihrer Tätigkeit notwendigen Informationen.» (Vereinbarung Spitalverbunde: Patientenlisten)
- «Sie informieren die Schichtleitung über Wahrnehmungen, die dem seelischen, geistigen oder körperlichen Wohl der Patientinnen und Patienten

---

2 Vereinbarung zwischen den St. Galler Spitalverbunden, der Evangelisch-reformierten Kirche des Kantons St. Gallen, dem Bistum St. Gallen und dem Katholischen Konfessionsteil des Kantons St. Gallen über die Seelsorge in den Spitalverbunden vom 1. Januar 2016.

3 Ebd.

entgegenstehen, soweit es mit ihrer seelsorgerischen Schweigepflicht vereinbar ist.» (Vereinbarung Spitalverbunde: Information der Geschäftsleitung)

Der Vergleich zwischen diesen beiden Vereinbarungen zeigt, dass die Seelsorge im Hospiz besser in die auf Bundesebene verlangte interdisziplinäre und ganzheitliche Betreuung der Patientinnen und Patienten integriert ist, als es die entsprechenden Vereinbarungen der Spitäler und Kliniken vorsehen.

3 Seelsorgegeheimnis

Die oben zitierten Vereinbarungen ziehen die Grenze seelsorglicher Meldungen – und implizit damit auch seelsorglicher Mitwirkung am Patientendossier – jeweils beim Seelsorgegeheimnis. Nähere Ausführungen oder Bestimmungen zu dieser Grenze enthalten die Vereinbarungen allerdings nicht. Es eröffnet sich hier ein gewisses Spannungsfeld zwischen Integration der Seelsorge in eine interdisziplinäre und gleichberechtigte Zusammenarbeit in der Betreuung und Pflege der Patientinnen und Patienten auf der einen Seite und dem Seelsorgegeheimnis auf der anderen Seite. Besonders deutlich wird das in der Selbstdarstellung der Seelsorge am Kantonsspital St. Gallen auf der Website: «Wir sind als Angestellte des Spitals ein Teil des therapeutischen Angebots. Soweit nötig oder wichtig arbeiten wir mit anderen Diensten zusammen; vor allem mit dem Pflegedienst, der Ärzteschaft und anderen Diensten wie dem Sozial- und Beratungsdienst und der Musiktherapie. Wir unterstehen der Schweigepflicht.»[4]

Die rechtliche Problematik des Seelsorgegeheimnisses im Sinne von Art. 321 StGB wird von Thomas Gächter und Sarah Hack-Leoni[5] in den Grundrissen wie folgt dargestellt:

- Seelsorgerinnen und Seelsorger unterstehen in dem, was sie von und über die Patientinnen und Patienten von Berufs wegen erfahren, dem Seelsorgegeheimnis und werden dadurch Geheimnisträger.
- Art. 321 StGB verwendet für die Geheimnisträger den Begriff «Geistliche». Es besteht in der Literatur keine Einigkeit darüber, wer als Geistliche an dieser Stelle infrage kommt. Gächter und Hack-Leoni nennen Bischöfe, Priester, Pfarrerinnen und Pfarrer, Prediger und Priester aller (Welt-)Religionen,

---

4 www.kssg.ch/seelsorge/fuer-patienten-angehoerige/besuche-und-gespraeche (6.4.2021).

5 Vgl. Thomas Gächter/Sarah Hack-Leoni, Klinische Dokumentation von Spiritual Care aus medizinrechtlicher Perspektive, in diesem Band, 13–33.

nicht aber Laienseelsorgerinnen und -seelsorger. Hier wird allerdings davon ausgegangen, dass der Begriff Geistliche heute all diejenigen Personen erfassen muss, welche einen berufsmässigen Auftrag in der Seelsorge ausüben. Dies aber etwa in Abgrenzung von (kirchlichen) Sozialarbeitenden.

- Das Seelsorgegeheimnis ist nicht identisch mit dem Arztgeheimnis, sondern es handelt sich um zwei verschiedene Bereiche: Das Geheimnis der Seelsorgerin/des Seelsorgers besteht auch gegenüber der Ärztin/dem Arzt und umgekehrt. Daraus folgt: Der Seelsorgeperson darf nicht ohne Weiteres Einblick ins ärztlich verantwortete Patientendossier gegeben werden und umgekehrt darf die Seelsorgeperson die eigenen Aufzeichnungen im Patientendossier nicht ohne Weiteres den Ärzten (oder auch den übrigen mit diesem Patientendossier befassten Personen) preisgeben.
- Da es sich bei der Ärztin/dem Arzt und bei der Seelsorgerin/dem Seelsorger um zwei im Grundsatz verschiedene Aufgaben handelt, kann die Seelsorgerin/der Seelsorger nicht als Hilfsperson der Ärztin/des Arztes im Sinne von Art. 321 StGB angesehen werden – im Binnenverhältnis zwischen dem Geheimnisträger und seiner Hilfsperson ist die Geheimhaltung nicht in der gleichen Weise gefordert wie gegenüber Dritten.

Seelsorgenden bleibt eine einzige Möglichkeit, in rechtlich zulässiger Form Informationen aus dem Patientendossier zu bekommen und Dritten Teile dessen weiterzugeben, was sie bei der Ausübung ihrer Tätigkeit erfahren haben. Sie besteht darin, das Einverständnis des Geheimnisherrn (also der Patientin/des Patienten) einzuholen. In eindeutigen Situationen dürfen sie auch von einem stillschweigenden Einverständnis ausgehen.

Mit diesem rechtlichen Befund öffnet sich ein mögliches Spannungsfeld zu einer interdisziplinären Zusammenarbeit der Seelsorge als Teil eines Behandlungsteams, das verschiedene Aspekte in der Behandlung einer Patientin/eines Patienten bearbeitet, darüber austauscht und daraus die entsprechenden Schlüsse für die Behandlung zieht. Wie sich die Gesamtdiskussion in der Schweiz oder darüber hinaus an diesem Punkt verhält, wird hier nicht genauer untersucht. Bezogen auf den Kanton St. Gallen ist es aber deutlich, dass sich in den letzten Jahren der Fokus der Seelsorge im klinischen Umfeld verschoben hat. Hier soll nun der Blick in die Praxis erfolgen.

4 Blick in die Praxis

Die seelsorgliche Betreuung besteht im Umfeld des Kantons St. Gallen nicht mehr primär im Handeln des Ortsseelsorgers, welcher die Patientin/den Patienten mittels Besuchs in Form eines Gesprächs über die «letzten Dinge» oder rituelle oder sakramentale Handlungen, gleichsam losgelöst von allen übrigen Dimensionen in der Klinik, punktuell betreut. Die Tendenz geht in zwei Richtungen:

- Professionalisierung der Seelsorge in Form fest angestellter Seelsorgerinnen/Seelsorger in der Klinik (sei es, dass die Anstellung über eine Landeskirche oder über das Spital selbst erfolgt), welche als Teil des Klinikpersonals in die übrige Behandlung der Patientinnen/Patienten integriert ist, die in den Vereinbarungen festgehaltenen Aufgaben übernimmt und Ziele verfolgt.
- Daneben: Besuche von Ortsseelsorgenden oder freiwilligen Berufsgruppen.

Im Fall der professionalisierten Seelsorge zeigt sich eine Problematik über das angesprochene Spannungsfeld zwischen Informationsaustausch und Seelsorgegeheimnis im konkreten Umgang in den einzelnen Institutionen. Dieser scheint nicht unerheblich von der Sichtweise verantwortlicher Personen abzuhängen. Der Befund lässt sich in etwa wie folgt zusammenfassen.

Einsicht der Seelsorgerin/des Seelsorgers ins Patientendossier:

- An manchen Orten wird der Seelsorgerin/dem Seelsorger keine Einsicht gewährt, während andernorts alle (notwendigen) Informationen zur Patientin/zum Patienten mitgeteilt werden.
- Im Bereich der Palliative Care ist die Seelsorge Teil des interdisziplinären Behandlungsteams und bekommt die gleichen Informationen wie die Mitarbeitenden in den anderen Disziplinen auch. Gleich stellt sich die Situation im Hospizbereich dar.

Mitteilungen seitens der Seelsorgerin/des Seelsorgers ans Patientendossier oder an Mitglieder des Behandlungsteams:

- Aufgrund des Seelsorgegeheimnisses und teilweise aufgrund der (meist impliziten) Erwartung der Patientin/des Patienten, dass genau die Seelsorgerin/der Seelsorger das Geäusserte nicht weitersagt, besteht im Allgemeinen eine grosse Zurückhaltung seitens der Seelsorge.
- Die Seelsorgenden holen im Zweifelsfall das Einverständnis der Patientin/des Patienten ein, dass sie Informationen oder Beobachtungen melden dürfen.
- Im Bereich der Palliative Care besteht wiederum eine andere Praxis: Die Seelsorgeperson ist Teil des interdisziplinären Rapports und schildert dort die eigenen Beobachtungen.

- In anderen Bereichen ist keine (regelmässige) Teilnahme am Rapport vorgesehen, was nicht zuletzt zeitökonomischen Gründen und den zur Verfügung stehenden Stellenprozenten geschuldet ist.

Im Fall der professionalisierten Seelsorge scheint es unerlässlich, dass die Seelsorgeperson einerseits einige Informationen aus dem Patientendossier erhält und andererseits – um des guten Funktionierens einer echten interdisziplinären Arbeit willen – eigene Beobachtungen auch anderen zur Verfügung stellt. Aufgrund der heutigen Rechtslage in Sachen Seelsorgegeheimnis bestehen hierzu folgende Möglichkeiten:

- Explizites Einverständnis der Patientin/des Patienten: In diesem Fall erlaubt der Geheimnisherr dem Geheimnisträger, das Geheimnis oder Teile davon beispielsweise ins Patientendossier einzutragen. Im Rahmen dieser Einverständniserklärung entfällt das Seelsorgegeheimnis. Die Rückmeldungen aus der Praxis zeigen, dass dies in vielen Fällen gut funktionieren kann. Schwieriger ist dies im Umfeld der Psychiatrie. Es ist auch denkbar, dass eine Patientin/ein Patient dieses Einverständnis beim Eintritt in die Institution generell erteilt. Ein Ansatz hierzu ist im Betreuungsvertrag zwischen dem Hospiz St. Gallen und dem jeweiligen Bewohner/der jeweiligen Bewohnerin ersichtlich. Unter dem Stichwort «Datenschutz» heisst es dort: «Um die angemessene und vertragsgerechte pflegerische, medizinische und soziale Betreuung sicher zu stellen, haben die Angestellten des Hospizes St. Gallen das Recht, von behandelnden Ärzten die notwendigen Angaben zum Gesundheitszustand des Bewohners zu verlangen und der Krankenversicherung des Bewohners Akteneinsicht zu gewähren. Der Bewohner bzw. dessen Vertreter hat das Recht, diese Akteneinsicht auf den Vertrauensarzt des Versicherers zu beschränken.»[6] An dieser Stelle wäre es auch denkbar, eine Bestimmung zur Seelsorge aufzunehmen bis hin zu einer Widerspruchslösung für den Fall, dass eine Bewohnerin/ein Bewohner Seelsorge grundsätzlich ablehnt oder punktuell oder generell ein Einverständnis zur Befreiung der Seelsorgerin/des Seelsorgers zurückziehen möchte.
- Implizites Einverständnis der Patientin/des Patienten: Wie erwähnt, ist es auch zulässig, das Geheimnis oder Teile davon zu offenbaren, wenn von einem stillschweigenden Einverständnis des Geheimnisherrn ausgegangen werden kann. Die Hürden hierzu sind allerdings recht hoch, denn gerade im Bereich der Seelsorge darf aufgrund unterschiedlichster Bilder und Er-

---

[6] Hospiz St. Gallen, Betreuungsvertrag, Stand 29. Oktober 2019, abrufbar unter: https://hospiz-stgallen.ch/_frm-content/uploads/2019/10/Betreuungsvertrag.pdf (6.4.2021).

wartungen von Patientinnen/Patienten nicht vorschnell von einem stillschweigenden Einverständnis ausgegangen werden. Allgemein gilt: «Der Seelsorger muss eindeutig zum Schluss gelangen, dass es für den Geheimnisherrn selbstverständlich ist, dass die seelsorgende Person in sorgfältiger Ausübung ihrer Tätigkeit weitere Personen in die geheimen Tatsachen einweiht.»[7] Hier wäre es sicherlich nicht ausreichend, wenn ausschliesslich in einer allgemeinen Präsentation der Seelsorge festgehalten ist, dass die Seelsorge Teil eines interdisziplinären Behandlungsteams ist. Die Seelsorgerin/der Seelsorger muss aufgrund der Erfahrung und der Gespräche mit der konkreten Patientin/dem konkreten Patienten eindeutig zum Schluss kommen, dass diese/dieser mit der Offenbarung des Geheimnisses einverstanden wäre. Es reicht auch nicht aus, dass die Offenbarung des Geheimnisses offensichtlich zum Vorteil der Patientin/des Patienten wäre.

5 Entwicklungen und Perspektiven

Im Allgemeinen scheint Klinikseelsorge angesichts der bestehenden Vereinbarungen im Kanton St. Gallen in einer professionalisierten Form breit etabliert zu sein. Aus rechtlicher Sicht ist sie allerdings recht schwach verankert: Für die öffentlichen Kliniken findet sie Erwähnung auf Verordnungsstufe, in allen Institutionen ist die konkrete Ausgestaltung vertraglich vereinbart. Sollten die entsprechenden Vereinbarungen gekündigt werden, bestünde weiterhin das Grundrecht auf Seelsorge, aber die konkrete Einbindung in die Institutionen würde wegfallen.

Gleichzeitig ist in der Professionalisierung eine Tendenz ersichtlich, die Seelsorge stärker als Teil eines interdisziplinären Behandlungsteams zu sehen. Davon zeugen die Einbindung der Seelsorge im Bereich der Palliative Care und des Hospizes, aber auch die Bereitschaft vieler Kliniken, Seelsorge als Teil des eigenen Personals in die eigenen Strukturen und Abläufe zu integrieren.

Der allgemeine rechtliche Rahmen hinsichtlich des Seelsorgegeheimnisses mag für diese Entwicklung eng anmuten. Weitergabe von Informationen zwischen den Trägerinnen und Trägern des Arztgeheimnisses bzw. des Seelsorgegeheimnisses ist nur in einem begrenzten Mass möglich, insbesondere mittels Einverständniserklärung des Geheimnisherrn selbst. Sollte die Entwicklung in der genannten Richtung weitergehen und verstärkt werden, wäre eine Rechtsentwicklung wünschenswert, sodass der interdisziplinären Mitwirkung der

---

[7] Rita Famos/Matthias Felder/Felix Frey/Matthias Hügli/Thomas Wild, Dem Anvertrauten Sorge tragen. Das Berufsgeheimnis in der Seelsorge (SEK Studien 98), undatiert.

Seelsorge besser Rechnung getragen würde. Dabei bleibt aber zu beachten, dass nicht nur die Sicht der Klinikseelsorge auf sich selbst entscheidend ist, sondern auch der Blick der Patientinnen und Patienten auf die Seelsorge. Erst wenn auch von ihrer Seite Seelsorge im Allgemeinen als durchaus eigener, aber selbstverständlicher Teil der «Gesamtversorgung» angesehen wird, in dem die entsprechenden Informationen ausgetauscht werden, wäre die angesprochene Rechtsentwicklung adäquat. Selbstverständlich besteht dabei zwischen der Selbst- und der Fremdsicht der Seelsorge eine starke Wechselwirkung.

Zusammenfassung: Klinikseelsorge wird im Kanton St. Gallen nur auf Verordnungsstufe (Spitalorganisationsverordnung) direkt rechtlich geregelt. In zahlreichen öffentlichen Spitälern und privaten Kliniken bestehen Seelsorgevereinbarungen mit den beiden Landeskirchen. Hier hat sich in den letzten Jahren eine professionalisierte Klinikseelsorge herausgebildet, die immer stärker in interdisziplinäre Behandlungsteams eingebunden wird. Im Bereich Hospiz und Palliative Care ist dies stärker ausgeprägt als im übrigen Klinikumfeld. Die interdisziplinäre Mitarbeit und Mitwirkung am Patientendossier kann in einem Spannungsverhältnis zum Seelsorgegeheimnis stehen. Es stellt sich die Frage, ob und in welcher Form es ausreicht, den Patienten/die Patientin um Einwilligung zu fragen, um der Rolle der Seelsorge, die sich zunehmend herausbildet, gerecht zu werden.

Abstract: In the canton of St. Gallen, spiritual care in hospitals is only regulated directly by law at the level of ordinances (Hospital Organisation Ordinance). Numerous public hospitals and private clinics have spiritual care agreements with the two national churches. In recent years, a professionalised spiritual care has developed in these hospitals, which is more and more integrated into interdisciplinary treatment teams. This is more pronounced in the hospice and palliative care sector than in wider clinical environment. Interdisciplinary cooperation and participation in the patient file can stand in tension with pastoral care confidentiality. The question arises as to whether and in what form it is sufficient to ask the patient for consent in order to give justice to the increasingly emerging role of spiritual care.

Claudius Luterbacher, Dr. theol. lic. iur. can., ist Kanzler und Ökonom im Bistum St. Gallen.

Spitalseelsorge auf dem Weg zu einer Profession

Entwicklung der Spitalseelsorge im Kanton Bern in den letzten zehn Jahren

Pascal Mösli

1 Einführung

In den letzten rund 10 Jahren haben sich für die Spitalseelsorge im Kanton Bern wesentliche Veränderungen vollzogen. Diese wurden ausgelöst durch politische und gesellschaftliche Wandlungsprozesse und bilden sich ab im heutigen Verständnis der Spitalseelsorge als integrierter Dienst innerhalb eines Spitals. Neu ist dabei insbesondere, dass die Spitalseelsorge ihre Aktivitäten dokumentiert und dem Spital wie auch dem Kanton Rechenschaft über ihre Leistungen abgibt.

Diese Veränderungen wirken sich auf das professionelle Verständnis der Seelsorge aus, so die These dieses Aufsatzes. Der Seelsorger bzw. die Seelsorgerin wird vom kirchlichen Mitarbeiter bzw. von der kirchlichen Mitarbeiterin zur Gesundheitsfachperson des Spitals.

Der Artikel zeichnet Voraussetzungen und Auswirkungen dieses Transformationsprozesses nach. Die Dokumentation als wichtiges Element sowohl der gesetzlichen Vorgaben wie auch der professionellen Transparenz spielt dabei eine wichtige Rolle.[1]

2 Die gesetzliche Entwicklung

Die Rahmenbedingungen der Spitalseelsorge im Kanton Bern haben sich in den letzten Jahren tiefgreifend verändert. Ausgangspunkt für diese Veränderungen war ein Artikel im Spitalversorgungsgesetz, der die Spitalseelsorge als Angebot der Spitäler gesetzlich verankerte. So wird in Art. 53 des Spitalversorgungsgesetzes, das am 13. Juni 2012 in Kraft gesetzt wurde, festgehalten:

---

1 Ich danke David Neuhold und Prof. Simon Peng-Keller vielmals für ihre Durchsicht des Artikels und ihre hilfreichen Bemerkungen.

«Die im Kanton Bern gelegenen Listenspitäler stellen für die Patientinnen und Patienten sowie für deren Angehörige die Spitalseelsorge sicher.»[2]

Bis dahin war die Situation im Kanton Bern sehr unterschiedlich geregelt. Einige grössere Spitäler wie etwa das Inselspital und die Spitäler in Thun und Burgdorf finanzierten die Seelsorge schon früher aus eigenen Mitteln, Spitalseelsorgende waren also Angestellte der jeweiligen Institution. In anderen Spitälern wie etwa im Jura und in Biel erfolgte die Finanzierung der Seelsorgenden in Kooperationen zwischen den Spitälern und Kirchgemeindeverbänden, in vielen mittleren und kleinen Spitälern gab es überhaupt keine Spitalseelsorge und die Patientinnen und Patienten wurden – wenn überhaupt – ausschliesslich von Gemeindeseelsorgenden betreut.

Nach Inkrafttreten des Gesetzes war zunächst unklar, wie der Artikel zur Spitalseelsorge konkret umzusetzen sei. Eine Verordnung brachte 2016 Klarheit. In ihr waren zwei Aspekte entscheidend: Erstens wurde festgehalten, dass die Finanzierung der Spitalseelsorge Sache der Leistungserbringer sei, zweitens wurde eine quantitative Vorgabe dazu gemacht, welche personellen Seelsorge-Ressourcen der Leistungserbringer zur Verfügung stellen muss.[3] Diese Verordnung war jedoch von Beginn an – insbesondere bei den Leistungserbringern selbst – umstritten. Man kritisierte die fehlende Objektivität einer quantitativen Vorgabe und die mangelnde Berücksichtigung unterschiedlicher Versorgungskontexte durch eine einheitliche quantitative Vorgabe. Der zuständige Regierungsrat setzte darum, unter dem Vorsitz des Spitalamtes, eine Arbeitsgruppe ein, die eine konsensfähige, neue Verordnung vorschlagen sollte. Mitglieder der Arbeitsgruppe waren Vertreterinnen und Vertreter des privaten und des öffentlichen Spitalverbandes sowie der Interkonfessionellen Konferenz (IKK).[4] Bei der Entwicklung der neuen Verordnung waren zwei Übereinkünfte entscheidend, welche die Mitglieder der Arbeitsgruppe früh teilten: Man einigte sich auf das Verständnis der Seelsorge im Sinne einer im Spital integrierten Spiritual Care sowie auf den Grundsatz, die quantitativen durch qualitative Vorgaben zu ersetzen.

Aus Sicht des Autors, der an diesen Verhandlungen teilnahm, haben für die Vertreter der Religionsgemeinschaften, der Spitäler sowie des Kantons insbesondere drei Aspekte zu einer gemeinsamen Lösung geführt:

---

2 Vgl. https://www.belex.sites.be.ch/frontend/versions/1606/embedded_version_content (10.4.2021), vgl. Art. 53.

3 So wurde im Art. 15a festgehalten: «Die Listenspitäler stellen pro 33 Vollzeitstellen im Pflegebereich mindestens zehn Stellenprozent in der Seelsorge sicher.»

4 Die IKK ist ein Zusammenschluss der drei Landeskirchen im Kanton Bern sowie der Jüdischen Gemeinschaften.

Ausgehend von der Einsicht, dass viele Patientinnen und Patienten spirituelle Bedürfnisse haben, die für ihre Gesundheit wesentlich sind, wurde *erstens* anerkannt, dass Spiritualität eine Wirkung auf Gesundheit und Lebensqualität haben und eine wichtige Dimension der Patientenzufriedenheit darstellen kann. Spiritualität und Religiosität wurden als Ressourcen für Coping-Strategien und einen positiv verlaufenden Genesungsprozess verstanden.

Damit ging *zweitens* die Einsicht in die Wichtigkeit der spirituellen Begleitung einher. Man fand sich im Verständnis des Bundesamtes für Gesundheit: «Die spirituelle Begleitung leistet einen Beitrag zur Förderung der subjektiven Lebensqualität und zur Wahrung der Personenwürde angesichts von Krankheit, Leiden und Tod. Dazu begleitet sie den Menschen in ihren existentiellen, spirituellen und religiösen Bedürfnissen auf der Suche nach Lebenssinn, Lebensdeutung und Lebensvergewisserung sowie bei der Krisenbewältigung.»[5]

Und *drittens* konnte man sich auf das Konzept der Spiritual Care als Zusammenspiel von gesundheitsberuflicher (allgemeiner) Spiritual Care und seelsorglicher (spezialisierter) Spiritual Care für die spirituelle Unterstützung von Patientinnen, Patienten und deren Angehörigen verständigen.[6]

Ausgehend vom Ergebnis der Arbeitsgruppe, das vom Regierungsrat gutgeheissen wurde, wurden den Spitälern im Dezember 2019 vom Spitalamt drei Anforderungen mitgeteilt, welche die bisherige Verordnung ersetzen: a) Jedes Spital muss ein Seelsorgekonzept vorlegen, welches 16 Kriterien zu erfüllen hat. b) Jedes Spital muss jährlich einen Tätigkeitsbericht zur Spitalseelsorge vorlegen. c) Das Spitalamt behält sich vor, punktuell direkt bei den Leistungserbringern zu prüfen, ob das Konzept umgesetzt wird.[7]

Die 16 Kriterien sind drei Themenfeldern zugeordnet: a) dem seelsorglichen Angebot, b) der Verfügbarkeit und Ausbildung der Fachperson der Seelsorge sowie c) der systemischen Präsenz der Seelsorge im Spital. Ausgehend von der zentralen und im Gesetz grundgelegten Zielsetzung, dass alle Patientinnen, Patienten und deren Angehörige in «existentiellen, spirituellen und religiösen Anliegen» unterstützt werden (Kriterium 1), zielen die Kriterien auf

---

5 Bundesamt für Gesundheit (BAG) und die die Schweizerische Konferenz der Gesundheitsdirektorinnen und -direktoren (GDK), Nationale Leitlinien Palliative Care, 2011, 14.

6 Gerber und Läupi zählen die spezialisierte Spiritual Care zusammen mit den Sozialen Diensten, der Apotheke, Labor-Dienstleistungen, Lehre und Forschung oder dem Patientenmanagement und der Bettendisposition zu den medizinischen Supportleistungen: Nicole Gerber/Viola Läupi, Effizienter und produktiver im Support, in: Clinicum 5 (2014), 69. Eine Darstellung des interprofessionellen Spiritual-Care Konzeptes findet sich in Simon Peng-Keller u. a., Spiritual Care in Palliative Care. Leitlinien zur interprofessionellen Praxis, Bern 2018.

7 Vgl. die 2020 revidierten Art. 15a und 15b der Spitalversorgungsverordnung (BSG 812. 112 – Spitalversorgungsverordnung Kanton Bern).

die Integration der Seelsorge im Spital. So regeln etwa die Kriterien 9 und 10 die Einbindung der Seelsorge ins Behandlungsteam und in den klinischen Alltag. Damit geschieht auf gesetzlicher Ebene eine wichtige Weichenstellung für das Profil der Seelsorge: Seelsorge in der Gestalt spezialisierter Spiritual Care wird faktisch zur Profession im Gesundheitswesen. Diese Beobachtung wird im Schlussabschnitt diskutiert.

3 Gesellschaftliche und politische Veränderungen

Neben den gesetzlichen haben sich auch die gesellschaftlichen und politischen Rahmenbedingungen verändert: Geprägt sind sie einerseits vom weiteren Rückgang der konfessionellen Zugehörigkeit der Bevölkerung und andererseits von Bestrebungen des Kantons, die Diversität der Weltanschauungen der Bürgerinnen und Bürger auch politisch zu berücksichtigen. 2018 ist die Zahl der Mitglieder der reformierten Landeskirche unter die Hälfte der Berner Bevölkerung gesunken, 47,5 % gehören ihr heute noch an, der Abwärtstrend scheint anzuhalten. Die Römisch-katholische Landeskirche hat einen Anteil von 15,4 %. Die übrigen Glaubensgemeinschaften kommen zusammen auf einen Anteil von 13,1 %. Der Anteil der Konfessionslosen beträgt 24 %.[8]

Zwei Entwicklungen im Verhältnis der Landeskirchen zum Staat zeigen die veränderte Situation auf. Einerseits wurde mit dem am 1. Januar 2020 in Kraft gesetzten Landeskirchengesetz eine weitgehende Entflechtung von Kirche und Staat festgelegt, innerhalb derer beispielsweise die Pfarrerinnen und Pfarrer nicht mehr wie bisher Kantonsangestellte, sondern nun Angestellte der Kirchen selbst sind. Andererseits wurde die Stelle innerhalb der Kantonsverwaltung, die sich um die kirchlichen Belange kümmerte, der oder die sogenannte «Beauftragte für kirchliche Angelegenheiten», neu in die Stelle eines oder einer «Beauftragten für kirchliche und religiöse Angelegenheiten» umgewandelt. Diese Veränderung macht deutlich, dass der Staat grundsätzlich alle religiösen Gemeinschaften gleichrangig behandeln und deren Zugang zu den politischen und gesellschaftlichen Instanzen und Ressourcen erleichtern will.[9]

---

8 Vgl. https://www.fin.be.ch/fin/de/index/finanzen/finanzen/statistik/bevoelk/religionen.html (10.4.2021).

9 In einem Interview meinte die Regierungsrätin Evi Allemann, zu deren Direktion der oder die Beauftragte für kirchliche und religiöse Angelegenheiten gehört: «Ich möchte der Religionsvielfalt im Kanton Bern gerecht werden. […] Nicht zuletzt zahlt der Kanton den Landeskirchen jährlich Beiträge in Höhe von 70 Millionen Franken – den Muslimen sowie Angehörigen anderer Religionen nichts. Das ist langfristig schwierig zu rechtfertigen.» (Der Bund, 8. Juli 2020).

Gesellschaftlich und politisch kann man im Blick auf die institutionelle Seelsorge von einer Zeit des Übergangs sprechen. Dabei scheint offen, ob die kirchlich mandatierte Seelsorge auch in Zukunft das politische Vertrauen erhält, *alle* Menschen in Spitälern und Gefängnissen[10] seelsorglich zu unterstützen. Die Entwicklungen legen nahe, dass sie dieses Vertrauen nur dann weiterhin erhält, wenn sie zulässt oder sogar aktiv dafür eintritt, dass auch Seelsorgerinnen und Seelsorger anderer Religionsgemeinschaften am seelsorglichen Grundauftrag des Staates beteiligt werden.[11]

4 Die Entwicklung im Verständnis der Seelsorge

Die gesetzliche Verankerung der Spitalseelsorge führt im Aufgabenverständnis der Seelsorge zu zwei Konsequenzen: Die Spitalseelsorge muss einerseits, was ihre Adressaten betrifft, prinzipiell für alle Patientinnen, Patienten und deren Angehörige zur Verfügung stehen, ganz unabhängig von deren Weltanschauung. Und sie muss andererseits, was ihre Profession betrifft, prinzipiell offen sein für Fachleute, die aus anderen als einem landeskirchlichen Kontext stammen.

4.1 Seelsorge für alle – von der ökumenischen Seelsorge zu Spiritual Care

Vor rund zwanzig Jahren hat, zuerst am Inselspital, dann auch an anderen grösseren Spitälern im Kanton Bern, eine «Ökumenisierung» der Spitalseelsorge stattgefunden, die sich insbesondere darin ausdrückte, dass die Bettenstationen nicht mehr konfessionell betreut wurden, sondern sich die Seelsorgenden um Patientinnen und Patienten beider Konfessionen sowie anderer Religionen und Weltanschauungen kümmerten. Damit ging eine Verschiebung oder zumindest eine Erweiterung der Begründung einher, warum Seelsorge im Gesundheitswesen als notwendig zu erachten ist. Das Recht der Patientin oder des Patienten

---

10 Die gesetzlichen Grundlagen für die Spitalseelsorge wurden ja bereits erwähnt. Auch die Gefängnisseelsorge beruht auf einer gesetzlichen Grundlage: die Art. 79–81 der Verordnung über den Justizvollzug (JVV, BSG 341.11) regelt die Seelsorge in den Institutionen des Amts für Justizvollzug.

11 2017 wurde der Regierungsrat des Kantons Bern mit einer Motion u. a. beauftragt, «präventive Seelsorgeangebote für Angehörige nicht anerkannter Religionen in öffentlichen Einrichtungen (Spitälern, Gefängnissen, Asylunterkünften) zu entwickeln». Die Motion wurde vom Parlament 2018 als Postulat angenommen. www.gr.be.ch/etc/designs/gr/media.cdwsbinary.DOKUMENTE.acq/cf7b239998b54e71823f9ed58905bd82-332/3/PDF/2017.RR GR.702-Vorstossantwort-D-168287.pdf (10.4.2021).

auf seelsorgliche Begleitung galt nicht mehr nur als Konkretisierung der Religionsfreiheit, sondern erhielt fortan eine neue Bedeutung im Hinblick auf die interprofessionelle Sorge um subjektives Wohlergehen und Lebensqualität: «Patienten haben das Grundrecht auf eine sorgfältige Versorgung, die ihre persönliche Würde schützt und ihre kulturellen, psychosozialen und spirituellen Werte achtet.»[12]

Hintergrund dafür ist die Erweiterung des biopsychosozialen Modells des Menschen, das George Engel 1977 eingeführt hatte, um die spirituelle Dimension, die für die WHO seit den 1980er-Jahren zu einer umfassenden Gesundheitsversorgung dazugehört.[13] Insbesondere mit der fortschreitenden Implementierung von Palliative Care findet dieser Aspekt auch in der Schweiz verstärkt Anerkennung. So haben das Bundesamt für Gesundheit (BAG) und die Schweizerische Konferenz der Gesundheitsdirektorinnen und -direktoren (GDK) die spirituelle Dimension 2011 in den Nationalen Leitlinien Palliative Care explizit erwähnt: «In der Palliative Care wird der Mensch in seiner Ganzheit betreut, das heisst unter Berücksichtigung der körperlichen, psychischen, sozialen und spirituellen Dimension.»[14]

Der deutsche Spitalseelsorger Thomas Beelitz bilanziert: «In einer mehr multireligiösen, multiethnischen und eher säkularen Gesellschaft ist professionelle Seelsorge in den Feldern der Gesundheitsversorgung heute nicht mehr zu begreifen als eine *Mitgliederbetreuung* am anderen Ort und/oder als ein (privilegiertes) *Religionsangebot* in nicht-religiös (‹weltlich›) bestimmten Zusammenhängen.»[15]

4.2 Seelsorge mit allen – von der landeskirchlichen Seelsorge zu einer multireligiösen Spiritual Care

Die Erweiterung des Seelsorgeverständnisses im oben beschriebenen Sinn war bereits in vollem Gange, als die neue Verordnung entwickelt wurde, und es lässt sich vielleicht sagen, dass diese Verordnung die Veränderungsprozesse

---

12 Larry VandeCreek/Laurel Burton (Hg.), Professional chaplaincy. Its role and importance in healthcare, New York 2001, 1.

13 Vgl. Simon Peng-Keller/Fabian Winiger/Raphael Rauch, The ‹spiritual dimension› of health and the World Health Organization – Historical investigations in view of the foundations of interprofessional spiritual care (im Druck).

14 Bundesamt für Gesundheit und Schweizerische Konferenz der Gesundheitsdirektorinnen und -direktoren, Nationale Leitlinien Palliative Care, 2011, 12.

15 Thomas Beelitz, Entwicklungen im Bereich von spiritual care weltweit. Perspektiven aus der Krankenhausseelsorge, Hofgeismar 2017 (Vortrag).

gleichermassen abbildete wie bestätigte. Eine weitere Öffnung der Spitalseelsorge, die nun ihre Akteure selbst betrifft, steht allerdings noch am Anfang. Es liegt in der Logik der Berücksichtigung der weltanschaulichen Pluralität der Patientinnen und Patienten, dass auch Fachleute unterschiedlicher Religionen als Akteure in die Betreuung einbezogen werden. Seit 2019 ist am Inselspital auch ein muslimischer Seelsorger zu einem geringen Prozentsatz tätig. Dies ist ein kleiner Anfang, der aber paradigmatisch den Beginn einer neuen Ära einzuläuten scheint: jene einer weder nur kirchlichen noch nur christlichen Seelsorge, sondern einer Spitalseelsorge, deren Akteure aus unterschiedlichen religiösen Traditionen stammen. Ausschlaggebend für die Qualifikation und Anerkennung im Gesundheitswesen wäre dann nicht mehr die landeskirchliche Zugehörigkeit, sondern die Beachtung bestimmter ethischer Richtlinien[16] und die fachliche Qualität der Seelsorge-Fachperson.

5 Dokumentation der Seelsorge

Bevor im letzten Abschnitt die Wirkungen dieser Entwicklungen für die Profession der Spitalseelsorge analysiert werden, soll hier ein vertiefter Blick auf eine Anforderung der kantonalen Verordnung geworfen werden, die eine besonders wichtige Wirkung hat: auf den Tätigkeitsbericht und damit verbunden die Erfassung der dafür erforderlichen Daten, die Dokumentation.

Wie oben erwähnt, muss gemäss neuer Spitalversorgungsgesetzverordnung jedes Spital jährlich zuhanden des Spitalamtes einen Tätigkeitsbericht einreichen. Darin muss ersichtlich sein, wie die Patienten und Patientinnen und ihre Angehörigen vom Angebot der Spitalseelsorge tatsächlich profitieren konnten.

Eine Arbeitsgruppe mit Fachleuten der Seelsorge hat daraufhin ein Raster für die Ermittlung der erforderlichen Daten erarbeitet und ein elektronisches Erfassungsinstrument entwickelt. Das Raster für die Datenerfassung entspricht dem in der kantonalen Verordnung festgelegten Kriterienkatalog, wonach die Seelsorge nach folgenden Leistungen aufgeschlüsselt wird:

- spirituelle und ethische Begleitung sowie Kriseninterventionen,
- Durchführung von Feiern und Ritualen,
- Angebote der Fortbildung für Gesundheitsfachleute.

16 So wurde etwa in den Berner Standards der Spitalseelsorge festgehalten, dass die Seelsorge auf ethischen Richtlinien basiert, die sich an die UNO-Menschenrechtscharta und die Bundesverfassung (Art. 15) anlehnen. Vgl. Interkonfessionelle Konferenz, Leitfaden zum Leistungsprofil und zu den Qualitätsstandards der Seelsorge in Spitälern, Bern 2019, 6.

Es handelt sich um Daten, die für Statistik und Leistungsüberprüfung relevant und nur für die sie erfassende Seelsorgefachperson einsehbar sind. Am Jahresende kann eine statistische Zusammenstellung aller Daten ausgelöst werden, um sie in den Jahresbericht zu integrieren.

Bis die rechtlichen Fragen geklärt sind, welcher Spielraum für die gemeinsame Dokumentationspraxis von Seelsorge- und Gesundheitsfachpersonen besteht, muss die Datenbeschaffung, -sicherung und -auswertung so geschehen, dass keine Rückschlüsse auf die Identität der Patientinnen und Patienten möglich sind und die Daten nicht von Dritten verwendet werden können.

Dennoch führt die Erfassung der Leistungsdaten zu einer viel höheren Transparenz darüber, was die Seelsorgefachpersonen tatsächlich tun,[17] und sie hilft mit, zu plausibilisieren, warum es diese in der Institution braucht. Indem deutlich wird, in welchen Fällen sie interveniert, liefert sie auch einen Beitrag zur Klärung der Bedeutung spiritueller und religiöser Aspekte für die Gesundheit und Lebensqualität der Patientinnen, Patienten und der Angehörigen. Schliesslich wird damit ein Instrument eingeführt, das in Zukunft auch für die interprofessionelle Zusammenarbeit nutzbar gemacht werden könnte. Eine seelsorgliche Beteiligung an der interprofessionellen Dokumentation wäre eine konsequente Folge des eben skizzierten Gestaltwandels der Spitalseelsorge.

6 Spitalseelsorge auf dem Weg zu einer Profession

Die bisher beschriebenen Prozesse führten nicht nur dazu, dass sich das Verständnis der Spitalseelsorge im Gesundheitswesen verändert hat, sondern auch dazu, dass sich das professionelle *Selbstverständnis* der Spitalseelsorge zu verändern beginnt. Mit anderen Worten: Die Spitalseelsorge ist auf dem Weg, eine eigenständige Profession zu werden.[18]

Wichtiger, auslösender Faktor für diese Entwicklung ist die veränderte Anstellung der Seelsorgefachpersonen. Indem diese vom Spital rekrutiert werden, werden sie de facto zu Gesundheitsfachpersonen. Damit unterliegen sie den Rahmenbedingungen und Plausibilitätsdynamiken des Gesundheitswesens. Sie sind herausgefordert, die Qualität ihrer Arbeit aufzuweisen und Auskunft

---

[17] Kevin Massey u. a., What do I do? Developing a taxonomy of chaplaincy activities and interventions for spiritual care in intensive care unit palliative care, in: BMC Palliative Care 14/10 (2015) haben zum ersten Mal eine Taxonomie entwickelt, um systematisch zu beschreiben, was Seelsorgende tun, vgl. doi: 10.1186/s12904–015–0008–0.

[18] So auch Peng-Keller in diesem Band, Vom Sinn klinikseelsorglicher Dokumentation im heutigen Gesundheitswesen, 35–45.

darüber zu geben, welche Wirkung ihre Arbeit auf die Gesundheit und Lebensqualität der Patientinnen und Patienten hat.[19] Und sie müssen darüber hinaus auch angeben können, welche Wirkung ihre Tätigkeit auf das medizinische Kerngeschäft hat. Das ist neu, denn bisher galt: «Zusammengefasst kann festgehalten werden, dass das Wirken der Spezialisierten Spiritual Care – und dabei insbesondere ihre Effekte über Patientinnen, Patienten und Angehörige hinaus – im Spitalbetrieb grösstenteils eine Black Box ist, was dazu beiträgt, dass ihre Notwendigkeit mitunter infrage gestellt wird.»[20]

Wenn die Seelsorge a) die Spiritualität als Dimension von Gesundheit und Lebensqualität aller Menschen versteht und wenn sie darum b) die Berücksichtigung der Spiritualität als Aufgabe für alle Gesundheitsfachpersonen erkennt, dann steht sie vor zwei grossen Herausforderungen:

a) Sie muss die Spiritualität als Thema der ganzen Gesundheitsversorgung verständlich machen und ihre Bedeutsamkeit für die Betreuung von Patientinnen, Patienten und deren Angehörigen aufzeigen. Dafür muss sie die spirituelle Dimension im Kontext des medizinischen Paradigmas verorten bzw. dazu beitragen, dieses Paradigma zu erweitern. Zudem gilt es, das Paradigma der Religionsfreiheit, das bisher die Grundlage seelsorglicher Tätigkeit im Spital war, neu einzuordnen: Ging es bisher darum, Menschen, die sich einer bestimmten religiösen Tradition zugehörig fühlen, dabei zu unterstützen, ihren Glauben auszudrücken, gewährt ein anthropologisch weit gefasster Spiritualitätsbegriff diese Möglichkeit nun allen Patientinnen und Patienten.

b) Das Verständnis von Spiritualität als Aspekt von Gesundheit macht eine Integration dieser Dimension in die Tätigkeit aller Berufsgruppen erforderlich.[21] Potenziell sind alle Gesundheitsberufe mit spirituellen Bedürfnissen der Patientinnen und Patienten konfrontiert. Damit sind sie auch professionell her-

---

19 Diesen Nachweis versuchen Forscherinnen und Forscher in den USA seit einigen Jahren zu erbringen. Richtungsweisend war die Publikation von Eric J. Hall u. a., Time to move forward. Creating a new model of spiritual care to enhance the delivery of outcomes and value in health care settings, New York 2016. Vgl. in diesem Band: Peng-Keller, Vom Sinn klinikseelsorglicher Dokumentation im heutigen Gesundheitswesen, 35–45.

20 Marianne Moll, Effekte der Spezialisierten Spiritual Care im Spital auf das Medizinische Kerngeschäft – Postulierung eines Wirkungsmodells. Masterarbeit, Winterthurer Institut für Gesundheitsökonomie WIG, School of Management and Law, Zürcher Hochschule für Angewandte Wissenschaften ZHAW 2020, 4.

21 Simon Peng-Keller, Seelsorgliche und gesundheitsberufliche Spiritual Care, in: Klaus Bally u. a. (Hg.), Handbuch Palliativmedizin, Bern [4]2021 (im Druck).

ausgefordert, diese Dimension im Rahmen ihrer Tätigkeit zu berücksichtigen.[22] Dies wiederum führt zu einer intensiven Zusammenarbeit zwischen den verschiedenen Gesundheitsberufen und der Seelsorge als der für diese Dimension spezialisierten Berufsgruppe.[23] Für die Seelsorge bedeutet dies, die Qualität ihrer Arbeit und ihre Rolle im interprofessionellen Team zu klären und zu entwickeln.

Für beides – für das Verständnis von Spiritualität wie auch der seelsorglichen Rolle – kann Dokumentation unterstützend wirken.[24] Sie trägt dazu bei, Zielsetzungen und Vorgehensweisen einheitlich darzustellen und damit auch für Kritik zugänglich zu machen. Damit legt sie Grundlagen, um das Verständnis der professionellen Aufgabe und damit auch ihre Qualität und Wirkung zu vertiefen.

Zusammenfassung: Der Artikel zeigt, dass die Spitalseelsorge in Bern in starkem Wandel begriffen ist. Politische, gesellschaftliche und institutionelle Transformationsprozesse haben dazu geführt, dass sich zunehmend ein Verständnis von Spitalseelsorge als integriertem Dienst im Spital und von Seelsorgern als Gesundheitsfachpersonen herausbildet. Das Spitalsverordnungsgesetz des Kantons Bern von 2012, eine dazugehörige Verordnung von 2016 sowie eine sie ersetzende Verordnung von 2019, welche Ergebnis einer interdisziplinären Arbeitsgruppe war, führen dazu, dass die Seelsorge dabei ist, zu einer eigenständigen Profession im Gesundheitswesen zu werden. Daraus folgt, dass die landeskirchliche Zugehörigkeit nicht kirchliche Präsenz im Gesundheitswesen markiert, sondern als Nachweis der Qualifikation der Seelsorgenden dient und dass sich Seelsorge über Dokumentation und Tätigkeitsberichte interprofessionell ausweisen und verständlich machen muss. Seelsorge ist in Zukunft weiter gefordert, die Qualität ihrer Arbeit für das Wohl der Patientinnen und Patienten zu stärken und ihre Rolle im interprofessionellen Team zu entwickeln.

Abstract: This article shows that spiritual care in hospitals in Bern is undergoing major changes. Political, social and institutional transformations have led to an increasing understanding of hospital spiritual care as an integrated service in the hospital, and of spiritual care workers as health care professionals. The 2012 Hospital Ordinance Act of the

22 Dies wurde bereits vor einigen Jahren u. a. von Christina Puchalski gefordert und für die Zusammenarbeit konkret aufgezeigt. Vgl. Christina M. Puchalski u. a., Improving the quality of spiritual care as a dimension of palliative care: The report of the consensus conference, in: Journal of palliative medicine 12/10 (2009), 885–904; Christina M. Puchalski u. a., Improving the spiritual dimension of whole person care: Reaching national and international consensus, in: Journal of palliative medicine 17/6 (2014), 642–656.

23 Vgl. dazu: Renske Kruizinga u. a., Toward a fully fledged integration of spiritual care and medical care, in: Journal of pain and symptom management 55/3 (2018), 1035–1040.

24 Michelle Lemiesz, Charting vital to chaplains' professionalism, in: Vision 15/7 (2005), 6–7.

Canton of Bern, a related ordinance of 2016 and an ordinance of 2019 to replace it, which was the result of an interdisciplinary working group, suggest that spiritual care is in the process of becoming an independent profession in the health sector. It follows that membership of the regional church does not mark the presence of the church in the health care system, but serves as proof of the pastoral workers' qualifications, and pastoral care must identify itself interprofessionally as well as make itself known through documentation and activity reports. Spiritual care will continue to be called upon in the future to strengthen the quality of its work for the wellbeing of patients and to develop its role in the interprofessional team.

Pascal Mösli, Theologe und Supervisor, ist Verantwortlicher für Spezialseelsorge und Palliative Care bei den Reformierten Kirchen Bern-Jura-Solothurn, Dozent für Spiritual Care im Gesundheitswesen sowie Mitarbeiter am SNF-Forschungsprojekt «Dokumentation klinischer Seelsorge im Horizont interprofessioneller Spiritual Care» an der Universität Zürich.

Digitale Seelsorgedokumentation als Aspekt eines *Swiss Learning Health System*?

Ein Werkstattbericht

Martina Tollkühn

«Das Bewusstsein für ein Recht auf Datenschutz führt in den letzten Jahren zu Konflikten in der Zusammenarbeit von Spitälern und v. a. externen Spitalseelsorgern/innen. Das Inkrafttreten der europäischen Datenschutz-Grundverordnung sorgt zusätzlich für Verunsicherung. Grundsätzlich ist deshalb die Verhältnisbestimmung zwischen Datenschutz im Gesundheitswesen, der seelsorglichen Schweigepflicht und der interdisziplinären Zusammenarbeit zum Wohl der Patienten/innen anzustreben.»[1]

Dieser Artikel versteht sich als «Werkstattbericht» eines Forschungsprojekts im Rahmen des *Swiss Learning Health System* (*SLHS*)[2], welches sich mit dem Konflikt zwischen dem Recht auf Datenschutz und dem Recht auf Religionsfreiheit in der Schweiz befasst hat.

Die aktuellen Herausforderungen durch die Digitalisierung, denen sich die Spitalseelsorge stellen muss, befördern den Anreiz, auch andere, bisher nicht klassische Methoden auszuprobieren. Eine solche Methode wurde und wird im schweizweiten Forschungsprojekt *Swiss Learning Health System* angewandt. Die Methode, das bestehende Gesundheitssystem durch ein *Learning Health System* zu verbessern, wurde im angloamerikanischen Raum entwickelt. Das Projekt *SLHS* will diese Methode auch für das Schweizer Gesundheitssystem umsetzen.

In einem ersten Punkt wird die Methode des *Learning Health System* in seinen Grundzügen und seinem Ansatz vorgestellt. Anschliessend wird im zweiten Punkt auf das *SLHS* eingegangen und dessen Ziele bzw. Vorgehensweisen erläutert. Der dritte Punkt beschäftigt sich mit dem Forschungsprojekt «Datenschutz und Religionsfreiheit» selbst. Die einzelnen Durchführungs-

1 Tatjana Disteli/Martina Tollkühn, Teilnahme am Stakeholderdialog «Religionsfreiheit contra Datenschutz», in: Katholische Spital- und Klinikseelsorge im Kanton Zürich, Jahresbericht 2018, 14–15, www.spitalseelsorgezh.ch/begleitung/leitbild/jahresberichte/jahresbericht-2018/view (28.3.2021).

2 Vgl. www.slhs.ch (28.3.2021).

schritte des vorher theoretisch behandelten Ansatzes werden so in ihrer praktischen Umsetzung erläutert. Danach werden in einem vierten Punk weitere Perspektiven skizziert. Da die weltlich-rechtlichen Normen in einem anderen Artikel dieses Bandes[3] behandelt werden, wird auf diese nicht genauer eingegangen. Das Forschungsprojekt *SLHS* wurde in den Jahren 2017–2020 durchgeführt. Eine Weiterführung für die Jahre 2021–2024 ist nun durch *swissuniversities* bewilligt, weshalb im Fazit, dem fünften Punkt des Artikels, die Chancen und Herausforderungen für die Weiterarbeit benannt werden.

1 *Learning Health Systems*

An Gesundheitssysteme werden von Seiten der Patienten, des medizinischen Personals, der Gesellschaft, des Staates und der Krankenkassen mitunter sehr verschiedene Ansprüche gestellt. Zudem gilt es, auf Probleme schnellstmöglich zu reagieren, um das hohe Gut der Gesundheit der Menschen zu verbessern und zu erhalten.

Die Idee des *Learning Health Systems* ist es, schnellstmöglich Reaktionen auf Probleme im Gesundheitssystem zu erbringen. Der Ansatz des lernenden Systems funktioniert in den USA als Bottom-up-Modell, bei dem am Anfang viele verschiedene kleine Lernzyklen auch unabhängig voneinander angestossen werden und später in Kontakt kommen und sich so gegenseitig befruchten.

Die Anwendung eines solchen Lernzyklus sehen Michael I. Harrison und Stephen M. Shortell[4] bei der Planung v. a. durch Manager oder Vertreter aus der Praxis. Für diese Personengruppen soll der Lernzyklus eine Planungshilfe darstellen, indem sie für jede Ebene die benötigten Ressourcen, Fertigkeiten und Kenntnisse oder Zeitspannen überblicken können, die sie für die Unterstützung des Lernprozesses brauchen. Die Kosten und Verfügbarkeit dieser Faktoren können bewertet werden, genauso wie die Möglichkeit, Synergien zwischen diesen Faktoren zu erreichen.[5]

---

3 Vgl. Gächter/Hack-Leoni, Klinische Dokumentation von Spiritual Care aus medizinrechtlicher Perspektive, in diesem Band, 13–33.

4 Zum fachlichen Hintergrund der Autoren vgl. z. B. Michael I. Harrison/Stephen M. Shortell, Multi-level analysis of the learning health system: Integration contributions from research on organizations and implementation, 1, https://onlinelibrary.wiley.com/doi/full/10.1002/lrh2.10226 (28.3.2021), https://doi.org/10.1002/lrh2.10226 (28.3.2021).

5 Vgl. a. a. O., 9: «They may use the framework as a planning tool. For each level, they can consider requisite resources, incentives, training, skill mix, team structure, and time allocations that may be needed to promote and support learning. They can assess the cost and availability of these factors, how well they support one another, and how best to align them across organizational levels.»

Zudem sollen die verschiedenen Ebenen der Interessengruppen beachtet werden: «Despite widespread recognition that multilevel forces shape capacity for learning within care delivery organizations, there is no agreed-on, comprehensive, multilevel framework to inform LHS research and practice.»[6]

2 *Swiss Learning Health System* als lernendes System

Um die Inhalte und das Vorgehen des Projektes im Einzelnen vorzustellen, ist es zuerst nötig, das *SLHS* als solches zu beschreiben und auf die Ziele und die Methodik einzugehen.

2.1 Was ist das *Swiss Learning Health System*?

Das Gesundheitssystem der Schweiz stand und steht vor vielen Herausforderungen und unterschiedlichen Ansprüchen verschiedener Interessensgruppen. Die Idee des *SLHS* setzt hier an. «Mit einem ‹lernenden Gesundheitssystem› will eine von der Universität Luzern angeführte, schweizweite Forschungskooperation den aktuellen und zukünftigen Herausforderungen im Gesundheitssystem begegnen. Unter dem Titel ‹Swiss Learning Health System› (SLHS) wird [...] eine schweizweite Plattform geschaffen für den konstruktiven und lösungsorientierten Dialog zwischen Forschung, Politik und Praxis in den Fragen des Gesundheitssystems und der Gesundheitsversorgung. Der Unterschied zu bestehenden Formen des Dialogs der Interessensgruppen liegt darin, dass dieser im SLHS klar strukturiert, moderiert und dokumentiert [werden soll].»[7] Die aus den Projekten erlangten Erkenntnisse und Lösungsvorschläge sollen in das System zurückfließen und so wie ein Kreislauf für die stetige Verbesserung der behandelten Themen führen.

Das *SLHS* wird als gemeinsames Projekt verschiedener Schweizer Universitäten durchgeführt. In die Durchführung der einzelnen Projekte werden diverse Akteure aus den Bereichen Administration, Politik, Versicherung und Nichtregierungsorganisationen sowie Fachkräfte aus dem Gesundheitssektor miteinbezogen. Das Departement «Gesundheitswissenschaften und Medizin der Universität Luzern hat als Hauptantragsteller des Projekts auch die Gesamtkoordination inne. Daneben sind das Zentrum für Religionsverfassungs-

---

6 A. a. O., 1.

7 https://slhs.ch/en/media-coverage/media-coverage-zentralplus (28.3.2021); vgl. auch die ausführliche Projektbeschreibung des SLHS unter https://slhs.ch/images/about-the-project/ overview/slhs_full-application_final_afterrevision_2016.pdf (28.3.2021).

recht der Universität Luzern», zu dem auch das hier vorgestellt Teilprojekt gehört, das Centre of Organisational Research – Health and Public Management der Universität Lugano oder das Departement of Business Economics, Health and Social Care (SUPSI) der Universität für angewandte Wissenschaft in der Südschweiz u. a. «direkt beteiligt».[8]

2.2 Die Ziele und die Methodik des *SLHS*

Das *SLHS* will auf der Basis der aktuellen wissenschaftlichen Erkenntnisse und Forschungen einen Beitrag zu evidenzbasierten Entscheidungen im Gesundheitssystem leisten. Dieser Ansatz wurde zuerst im anglo-amerikanischen Raum, insbesondere in Kanada und den USA, verfolgt und nun für die Umsetzung im Rahmen des *SLHS* entsprechend auf die Schweizer Situation angepasst.[9] Im Gegensatz zum Bottom-up-Ansatz[10] findet in der Schweiz ein Top-down-Vorgehen Anwendung. Durch diesen Versuch sollen die einzelnen Problemkreise direkte Verbindungen untereinander und eine Austauschplattform erhalten. Der konzeptionelle Rahmen des *SLHS* gründet auf dem von der WHO definierten «health systems' building blocks»-Ansatz[11] sowie dem Konzept des *learning health system* des Institute of Medicine und der National Academy of Medicine (USA).[12]

Im Rahmen der Methodik ist zudem das Zusammenwirken von Theorie, Praxis und einzelnen Erfahrungen wichtig, da sich die verschiedenen Zugänge gegenseitig befruchten und so zur Lösung eines Problems beitragen sollen. Um die einzelnen Zugänge miteinander in Kontakt zu bringen, wurde das Modell eines Lernzyklus entworfen. Das Vorgehen des Lernzyklus beinhaltet die Teile 1. Problemidentifikation (*Issue Identification*), 2. Priorisierung der Einzelprobleme (*Issue Priorization*), 3. Kurzdossier (*Policy Brief*), 4. Gespräch mit den Interessensvertretern (*Stakeholder Dialog*) und 5. Einführung, Begleitung und Evaluierung (*Implementation, Guidance, Monitoring and Evaluation*).[13]

---

8 Vgl. ebd.

9 Vgl. Sarah Mantwill/Tanya Kasper Wicki, Die Versorgungsforschung aktiv mitgestalten, in: Jahresbericht 2019 der Universität Luzern, Luzern 2020, 38–40, hier 38.

10 Vgl. ebd., Kap. 1.

11 Vgl. World Health Organization (WHO), Everybody's Business. Strengthening Health Systems to Improve Health Outcomes: WHO's Framework for Action, Genua 2007, https://www.who.int/healthsystems/strategy/everybodys_business.pdf (28.3.2021).

12 https://nam.edu/programs/value-science-driven-health-care/learning-health-system-series/ (28.3.2021).

13 Vgl. Projektantrag des *SLHS*, 9, https://slhs.ch/images/about-the-project/overview/slhs_full-application_final_afterrevision_2016.pdf (28.3.2021).

Die Ausgangslage des Lernzyklus konzentriert sich auf die verschiedenen Aspekte eines Problems. Zuerst erfolgt die Identifizierung (*Issue Identification*) des Themas oder der Fragestellung. Diese kann z. B. durch Recherche in Gesundheitsnetzwerken gefunden werden. Durch Kontakt mit den verschiedenen potenziellen Interessengruppen soll anschliessend erhoben werden, wie deren Einschätzung zum Thema lautet – sprich, ob für sie hier ein Problem besteht und welche Priorisierung sie den einzelnen Aspekten des Problems von ihrer Seite beimessen (*Issue Priorization).*[14]

Die Aufgabe des Projekts ist es, die einzelnen Aspekte dieses Problems auf der theoretischen Ebene zu erfassen und die beteiligten Akteure (Stakeholder) mit ihren Interessen zu identifizieren. Die einzelnen Interessen und der aktuelle Stand der Forschung zum Thema bilden die Bestandteile eines kurzen Dossiers, dem *Policy Brief.* Deshalb gilt es, die Sichtweisen der einzelnen Interessengruppen in den *Policy Brief* zu integrieren.[15]

Zusammen mit möglichen Handlungsvorschlägen bildet der *Policy Brief* die Grundlage eines moderierten sogenannten Runden Tisches, dem *Stakeholder Dialog*, an dem die einzelnen Parteien zusammengebracht werden. Dabei ist die faire Repräsentation der einzelnen Interessen zu beachten. Um eine offene Diskussion zu gewährleisten, wird diese unter die Regelung der «Chatham House Rule» gestellt, die besagt, dass die Teilnehmer über die Inhalte der Diskussion frei sprechen und diese weiterverwenden dürfen, allerdings unter Wahrung der Anonymität des Redners oder der anderen Dialogpartner.[16]

Die Folge des *Stakeholder Dialogs* bildet die Umsetzung der verabredeten Handlungsoption(en). Nach der Implementierung dieser Problemlösung folgt die Evaluation der Massnahme. Ist das Problem (noch) nicht gelöst, kann der Lernzyklus neu angestossen und weiter verbessert werden. Erwünschte Ergebnisse dieses Runden Tisches sind die Weiterarbeit auf einer vertrauensvollen gemeinsamen Basis und der Beschluss, ob und inwiefern die Handlungsmöglichkeiten für die weitere Problemlösung anwendbar sind. Dabei stehen *Implementation, Handlungsüberlegungen, Monitoring und Evaluation* im Fokus. Die Kernpunkte des Dialogs werden im Resümee wiederum allen Teilnehmern des Dialogs zugänglich gemacht. Mit deren Zustimmung kann das Resümee anschliessend auch veröffentlicht werden, um die gefundenen Lösungsoptionen auch anderen möglichen Stakeholdern transparent zu machen.[17]

---

14 Vgl. a. a. O., 9–10.

15 Vgl. a. a. O., 10.

16 Vgl. a. a. O., 12–13.

17 Vgl. a. a. O., 14.

3 Themen und Inhalte des *SLHS*-Projekts «Spitalseelsorge und Datenschutz»

Die Bearbeitung eines Problems aus kirchen- und staatskirchenrechtlicher Perspektive erfordert einen interdisziplinären Ansatz, um in die Gesamtkonstruktion eines Gesundheitssystems als lernendes System hineinzupassen. Aus zwei Gründen sind daher Beiträge aus unterschiedlichen Teilprojekten wünschenswert. Zum einen ist die Interdisziplinarität eine notwendige Methode, um die Komplexität von Problemlagen – hier die des Angebots von kirchlichen Seelsorgeangeboten im staatlichen Gesundheitswesen – zu erfassen und damit umzugehen. Zum anderen ist auch die Kirche ein lernendes System, stellt doch das Stichwort der *ecclesia semper reformanda* genau diesen Anspruch.

3.1 Ausgangslage des Forschungsprojekts

Die Katholische Spital- und Klinikseelsorge im Kanton Zürich stand 2017–2020 im Fokus dieses Teilprojekts des *SLHS*.[18] In diesem Fall besteht die Problemlage im Konflikt zwischen dem Recht auf Datenschutz und dem Recht auf Religionsfreiheit. Beides kommt in der Tätigkeit der Spitalseelsorge brennglasartig in der Patientendokumentation zusammen und beeinflusst die Zusammenarbeit des Spitalpersonals sowie die Möglichkeiten zur Seelsorge im Kontext des Spitals.[19] Seit der Einführung des elektronischen Patientendossiers stellt sich die Problemlage noch gravierender dar, weil mit der Digitalisierung auch das Bewusstsein für den Datenschutz – aber nicht unbedingt das Wissen um dessen rechtliche Verankerung – wächst. Dass die Spitalsseelsorge von der Dokumentationspraxis ausgeschlossen wird, erschwert bis – im schlimmsten Fall – verunmöglicht eine umfassende seelsorgliche Betreuung. Als Herausforderungen wurden im Rahmen des Projekts die folgenden Punkte genannt:[20]

- Seelsorge in Spitälern im Kontext der Datenschutzanforderungen
- Recht auf Spitalseelsorge für Patienteninnen und Patienten mit unterschiedlicher Religionszugehörigkeit
- Qualitätssicherung und Vertrauen in die Spitalseelsorge

---

18 Vgl. www.slhs.ch (28.3.2021).

19 Vgl. hierzu auch den nach dem *Stakeholder Dialog* erschienenen Artikel von Niklaus Herzog, der auf den Jahresbericht 2018 der Katholischen Spital- und Klinikseelsorge im Kanton Zürich Bezug nimmt: Niklaus Herzog, Spitalseelsorge unter Druck, in: Schweizerische Kirchenzeitung 11 (2019), Bonusbeitrag.

20 Das Resümee des *Stakeholder Dialogs* wurde ebenfalls auf der Seite des *SLHS* veröffentlicht: https://slhs.ch/en/learning-cycles/topics-cat/hospital-pastoral-care-and-privacy?highlight=WyJwYXN0b3JhbCJd (28.3.2021).

- Gelingende Zusammenarbeit der Spitalseelsorge mit den medizinischen Fachpersonen im Spital
- Rechtliche Lücken oder Lücken in der Rechtsanwendung
- Situation in Alters- und Pflegezentren

3.2 Stakeholder und *Policy Brief*

Der *Policy Brief* behandelte darauf aufbauend die Frage: «Spitalseelsorge und Datenschutz. Wie kann die Mitarbeit der Spitalseelsorge in Spitälern des Kantons Zürich in Hinblick auf die Vorgaben zu Patientendatenschutz gewährleistet werden?»[21] Durch die Umsetzung weiterer Schritte können die Inhalte dieses *Policy Briefs* als Ausgangslage der Diskussion unter dem damals aktuellen Kenntnisstand angesehen werden und nicht als ihr Endpunkt. Inhaltlich befasst sich der *Policy Brief* mit den rechtlichen Vorgaben zum Recht auf Religionsfreiheit sowie dem Recht auf Datenschutz. Hierbei wurde auf Ebene des Bundes auf Art. 15 BV und das Datenschutzgesetz (DSG) eingegangen. Als kantonale Richtlinien wurden die Verfassung des Kantons Zürich vom 27. Februar 2005[22], das Kirchliche Datenschutz-Reglement (KDR)[23], das Patientinnen- und Patientengesetz (PPG)[24], das Kirchengesetz (KiG)[25] und die Kirchenordnung der Römisch-katholischen Körperschaft des Kantons Zürich[26] sowie das Gesetz über die Information und den Datenschutz (IDG)[27] aufgenommen.

---

21 Vgl. ebd.

22 OS 60 185, https://www.zh.ch/de/politik-staat/gesetze-beschluesse/gesetzessammlung/zhlex-os/erlass-101-60-185.html (28.3.2021), besonders die Grundlagen zum Dialog (Art. 7), das Verbot jeder Diskriminierung (Art. 11) und die Vorgaben zu den kirchlichen Körperschaften (Art. 130–131).

23 Kirchliches Datenschutz-Reglement (KDR) vom 15./16. Dezember 1999 und 23. Mai 2000 (Stand 1. Juli 2000).

24 Patientinnen- und Patientengesetz (PPG) vom 5. April 2004 (Stand 15. Januar 2014).

25 Kirchengesetz (KiG) vom 9. Juli 2007 (Stand 1. Juli 2010).

26 Kirchenordnung der Römisch-katholischen Körperschaft des Kantons Zürich vom 29. Januar 2009 (Stand 1. Januar 2017); vgl. zusätzlich: die Verordnung über die Ergänzungspfarrstellen vom 16. Dezember 2009 (Stand 1. April 2014), die Verordnung über die Seelsorge in Institutionen (SIVO) vom 5. April 2016 (Stand 1. September 2016), vgl. auch die Zusammenstellung zu den kantonalen Rechtsgrundlagen des Kantons ZH durch Burim Ramaj, Dokumentation der kantonalen Rechtsgrundlagen im Bereich der Spitalseelsorge / Documentation des bases légales cantonales dans le domaine de l'aumônerie d'hôpital, in: René Pahud de Mortanges (Hg.), Spitalseelsorge in einer vielfältigen Schweiz. Interreligiöse, rechtliche und praktische Herausforderung (FVRR 35), Zürich/Basel/Genf 2018, 263–267.

27 Gesetz über die Information und den Datenschutz vom 12. Februar 2007 (LS 170.4).

Als Stakeholder für den Dialog wurden die Vertreter der Spitalseelsorge, juristische Fachleute, Angehörige des medizinischen Personals sowie der Patientenstelle identifiziert und zum Dialog eingeladen. Bei anderen Akteuren des Gesundheitssystems wie Ärztevertretern oder Krankenversicherungen war das Interesse am Dialog nicht vorhanden.

3.3 *Stakeholder Dialog*

Im *Stakeholder Dialog* wurden die aufgelisteten Herausforderungen sehr breit diskutiert. Als ein Schlüsselpunkt ergab sich, dass die Vorgaben zur Katholischen Spital- und Klinikseelsorge im Kanton Zürich an sich vorhanden sind und ein ausreichendes Schutzniveau für eine gelingende Zusammenarbeit bieten.[28]

Allerdings werden diese vorhandenen Vorgaben zur Spitalseelsorge in der Praxis nur teilweise angewandt. Auch sind diese geltenden Normen den Spitalseelsorgern, medizinischem Personal, Spitalmanagement und den Patientinnen und Patienten oft nicht bekannt. Diese Unkenntnis der Gesetzeslage führt zur Unsicherheit bei allen Beteiligten

Einerseits befördert diese Unsicherheit über die datenschutzrechtliche Lage die Angst, für Datenschutzverletzungen belangt zu werden. Als vermeintlich sichere und richtige Position bietet es sich deshalb an, den Datenschutz möglichst restriktiv zu handhaben. Andererseits wissen die Spitalseelsorger nicht ausreichend über die existierenden Normen Bescheid und sind deshalb nicht gerüstet, diese Rechte auf eine Spitalseelsorge entsprechend zu vertreten.

Als Handlungsoption wurde deshalb die Erstellung eines kurzen Merkblattes speziell für die Spitalseelsorge beschlossen. Dieses soll prägnant die relevanten Rechtsnormen zum Recht auf Datenschutz und zum Recht auf Religionsfreiheit aus der Bundesverfassung sowie die einzelnen relevanten Passagen der kantonalen Gesetzgebung beinhalten.

3.4 Ergebnisse und praktische Weiterarbeit

Das erwähnte Merkblatt mit dem Titel «Spitalseelsorge und Datenschutz. Ein Merkblatt des *SLHS* und des Zentrums für Religionsverfassungsrecht (Universität Luzern) für den Kanton Zürich»[29] wurde im Folgejahr des Dialogs erstellt und seither nochmals verbessert. Es umfasst die relevanten staatlichen und

---

28 Vgl. Fn. 20.

29 Vgl. Fn. 20. Die Seite bildet alle genannten Dokumente in einer Übersicht ab.

staatskirchenrechtlichen Vorgaben[30], die für die Rahmenbedingungen der Spitalseelsorge von Bedeutung sind. Die Vorgaben sind in kurze Erklärungen eingebunden, sodass das Merkblatt auch für Nichtjuristen gut und schnell verständlich ist.

Das Merkblatt geht auf folgende Vorgaben ein: Zuerst wird grundsätzlich auf das Recht auf Glaubens- und Gewissensfreiheit in der Bundesverfassung verwiesen, das eine Grundlage für alle anderen Vorgaben darstellt. Es folgt die Erklärung, dass die Spitalseelsorger und -sorgerinnen als «Geistliche» (Art. 321 § 1 StGB) dem Berufsgeheimnis unterliegen und damit die ihnen anvertrauten sensiblen Informationen nicht weitergeben dürfen. Anschliessend werden die kantonalen Vorgaben erläutert. Die Vorgaben aus dem Informations- und Datenschutzgesetz des Kantons Zürich stellen die rechtlichen Datenschutzanforderungen an die Spitäler dar und benennen die Zustimmung der Patientin oder des Patienten zur Datenverarbeitung, wobei diese auch implizit gegeben werden kann. Diese Vorgabe stellt kein Hindernis für die Ausübung der Spitalseelsorge dar. Weiter sind die Vorgaben des Patientinnen- und Patientengesetzes und des Kirchengesetzes angegeben, die das Recht auf seelsorgliche Betreuung im Spital festschreiben (§§ 5, 9, 19 PPG; § 16 KiG). Die Vorgaben zur Information und Einsicht in die Patientendokumentation stehen (mit Zustimmung des Patienten/der Patientin) einer seelsorglichen Betreuung nicht im Wege. Hingewiesen wird ferner auch auf § 5 PPG, laut dem bei Streitigkeiten über die Rechte und Pflichten eine begründete Verfügung verlangt werden kann. Auch die Spitalseelsorge kann eine solche Verfügung anordnen, wenn ihr Recht auf seelsorgliche Betreuung beschnitten wird.

3.5 Evaluation durch die Stakeholder

Nachdem der Stakeholder Dialog stattgefunden hatte, wurde er von den Teilnehmern anonym evaluiert. Die Evaluation erfolgte über den Organisationsverantwortlichen des *SLHS*. Besonders geschätzt wurden die konstruktive Diskussion und der Einbezug von Personen mit unterschiedlichem fachlichem Hintergrund. Auch das Konzept des *Stakeholder Dialogs* wurde für gut befunden. Alle Teilnehmer der Evaluation gaben an, dass sie einen solchen Dialog als sinnvolle Massnahme erachten und wieder an einem solchen Dialog teilnehmen würden. Im Sinne eines Verbesserungsvorschlags wurde angemerkt, dass die Doppelfunktion von Moderation und inhaltlicher Beteiligung auf unterschiedliche Personen aufgeteilt werden sollte.

---

[30] Vgl. für die genauen juristischen Hintergründe und Kommentierungen der genannten Gesetzestexte Gächter/Hack-Leoni in diesem Band, 13–33.

4 Weiterentwicklungsmöglichkeiten

Die Form des *SLHS*-Projekts und die dort aufgeworfenen inhaltlichen Fragen bieten keine fertige Problemlösung, sondern eher eine Zwischenstation dazu. Für die Weiterentwicklung können mehrere Anregungen interessant sein.

Die Sammlung der relevanten Normen und die praktischen Probleme in den Vorgesprächen und im *Policy Brief* konnten eine gute Ausgangslage für ein Gespräch bilden.

Auch die Anwendung der Methodik des *Stakeholder Dialogs* ist eine Chance für weitere Problemstellungen im Bereich der Spitalseelsorge. Für die Umsetzung der Ergebnisse ist es wichtig, wirklich alle Stakeholder in einen Dialog einzubeziehen. Dazu zählen auch Vertreter der Ärzteschaft und des Spitalmanagements, Gesundheitspolitiker und Vertreter der Krankenversicherungen. Für letztere scheint es nach der Erfahrung aus dem *Stakeholder Dialog* bisher keine relevante Frage zu sein, warum die Spitalseelsorge einen bestimmten Zugang zur Patientendokumentation haben sollte.

Dabei ist es von Bedeutung, herauszustellen, dass die Dokumentation seelsorglicher Tätigkeit/Begleitung einen Rechtsanspruch (Art. 15 BV) und einen «Mehrwert» für die ganzheitliche Betreuung von Patientinnen und Patienten darstellt und die interdisziplinäre Zusammenarbeit erhält bzw. verbessert. Den «Schlüssel» für das Gespräch, den *Stakeholder Dialog*, bildet eine gemeinsame Vertrauensbasis. Der Artikel von Gächter und Hack-Leoni zeigt auf, dass zumindest im Kanton Zürich die gesetzlichen Vorgaben die Arbeit der Spitalseelsorge und ein Recht auf die Information darüber, dass Mitglieder der eigenen Konfession hospitalisiert sind, gut absichern. Entscheidend ist hier aber die *Policy*, also die praktische Umsetzung dieses Rechtsrahmens. Die Entwicklung des Rechtsbewusstseins zu diesem Thema ist sicher nicht abgeschlossen und braucht von Seiten der Verantwortlichen weitere Anstrengungen. Als Argumentationsbasis der anstehenden rechtlichen Weiterbildung kann und soll auch das beschriebene Merkblatt des *SLHS* dienen. Dieses kann in einer Weiterentwicklung auch für andere verwandte Felder der Kategorialseelsorge z. B. in Gefängnissen oder Altersheimen dienen.

Auch das Merkblatt an sich bietet noch Raum für Weiterentwicklungen. So gibt es zwar die rechtlichen Grundlagen und eine kurze Erklärung an, stellt also das «Warum» dar. Es fehlt aber das genaue «Was», sprich welche Daten aus der Patientendokumentation eingesehen werden sollen und was genau die Spitalseelsorge eintragen will und darf. Dabei geht es wohl eher nicht um kleinteilige Notizen, z. B. welche Bibelstellen im Gespräch thematisiert oder ob drei oder vier Vaterunser gebetet worden sind. Andererseits ist die blosse Information, dass jemand im Spital liegt ist, nicht ausreichend. Wohl kann es aber bedeutsam sein, zu wissen, was dem Patienten im Gespräch generell wichtig ist, wie der Umgang mit einem Unfall oder einer Krankheit ist oder inwiefern auch die Angehörigen mit einbezogen werden wollen.

Die Spitalseelsorge endet nicht an der Bettkante, sondern bezieht auch die anderen Nahestehenden ein, was zu zusätzlichen Informationen führt, die, wenn im richtigen Mass angegeben, auch für das Spitalpersonal von Nutzen sein können. Denn auch dieses muss mit der Krankheit oder einem bevorstehenden Tod umgehen. Es ist umgekehrt eine wichtige Information für die Seelsorgenden, ob der Patient eine Krankensalbung wünscht, ob er eine Beichte ablegen will oder ob er vor dem Sterben die Krankensalbung und Wegzehrung empfangen möchte. Diese Angaben könnten aus rein medizinischer Sicht als weniger relevant empfunden werden. Für religiöse Patientinnen und Patienten dagegen ist diese seelsorgliche Begleitung sehr wohl von Bedeutung. Deswegen ist es problematisch, wenn ihnen diese tröstenden Rituale und Sakramente vorenthalten werden, weil die Spitalseelsorge oder der Pikett-Priester aus angeblichen Datenschutzgründen vom medizinischen Personal nicht informiert werden.

Wer einen ganzheitlichen Pflege- und Heilungsansatz vertritt, kann die Arbeit der Spitalseelsorge nicht per se ignorieren. Im *Stakeholder Dialog* entstand der Vorschlag, zu überlegen, ob die Betreuung durch die Spitalseelsorge in den Leistungskatalog aufgenommen werden könnte. Aus der Sicht, dass nur Leistungen, die in diesen Katalogen stehen, auch eine Bedeutung für die Behandlung des Patienten haben, könnte eine solche Integration sinnvoll sein. Allerdings ist es fraglich, ob eine solche Aufnahme angesichts des Problems dauernd steigender Gesundheitskosten realisierbar ist. Die Kirchen könnten hier vorbringen, dass nach einer empirischen Studie der Spitalseelsorge Bern die Patienten dank der «Leistung» seelsorglicher Begleitung schneller genesen und so die Gesundheitskosten verringert werden.[31]

Andererseits scheint die seelsorgliche Betreuung schwerlich quantitativ messbar wie etwa Blutwerte. Dass sie von Patientinnen, Patienten, Angehörigen und Spitalpersonal[32] aber sehr wohl geschätzt wird, wurde der Katholische

---

31 Vgl. www.spitalseelsorgebern.ch/nutzen/(28.3.2021).

32 Auch das medizinische Personal kann natürlich das Angebot der Spitalseelsorge annehmen. Da dieser Artikel sich aber schwerpunktmässig mit der Patientendokumentation befasst, wird dieser an sich wichtige Aspekt hier nicht behandelt.

Spital- und Klinikseelsorge Zürich sogar in einer externen Evaluation bestätigt.[33] Die Spitalseelsorge geniesst laut dieser Evaluation Wertschätzung, allerdings sollten «die Leistungen der Spitalseelsorge […] besser kommuniziert und verstärkt für ein positives Ansehen der Kirche in der Öffentlichkeit genutzt werden.»[34] Die Vorstellung, die Seelsorge am Patienten nach Zeit- und Aufwandsschemata einzuordnen und insofern als «Leistung»[35] zu definieren, passt nicht ganz zum Selbstbild von kirchlicher Sendung und seelsorglicher Begleitung.

In diese Richtung zielt auch c. 848 des Codex Iuris Canonici von 1983 (CIC/1983) ab, der die Spender von Sakramenten dazu verpflichtet, für die Spendung von Sakramenten keine Bezahlung zu verlangen.[36] Der Canon selbst nennt den Grund für diese Einschränkung: Die Empfänger von Sakramenten sollen nicht aus finanziellen Gründen ausgeschlossen werden. Auch wenn der Canon selbst nur von Sakramenten spricht und die Seelsorge allgemein nicht erwähnt, lassen sich doch die Sakramente selbst als Teil der Seelsorge verstehen. Dass ein Spender hier kein «Sakramentenautomat» ist, sondern die Sorge um den Menschen im Hintergrund steht, ergibt sich aus weiteren Vorgaben des CIC/1983.[37] Sollte die Idee einer Aufnahme in den Leistungskatalog also weiter zur Diskussion stehen, gilt es, den grundsätzlichen Auftrag der Seelsorge als einfaches Da-Sein und die Herausstellung einer empirischen «Nützlichkeit» sinnvoll auszubalancieren.

5 Zusammenfassung und Ausblick

Das *SLHS*-Projekt konnte zeigen, dass der aus den Gesundheitswissenschaften stammende Ansatz des lernenden Systems auch in einer interdisziplinären Zusammenarbeit mit Geisteswissenschaften, hier im Speziellen mit der Theologie, lösungsorientiert arbeiten und zur Problemlösung beitragen kann.

Das Merkblatt wurde aufgrund einer Idee aus dem *Stakeholder Dialog* erarbeitet. Es stellt ein konkretes und fassbares Ergebnis des Dialogs dar. Der Dialog ist also nicht nur eine theoretische Diskussion, sondern bekommt so

33 Vgl. für das Priester-Pikett https://www.interface-pol.ch/app/uploads/2018/09/Be_Priesterpikett.pdf (28.3.2021).

34 Interface, Evaluation des neuen Konzepts der katholischen Spital- und Klinikseelsorge im Kanton Zürich. Zusammenfassung und Empfehlungen zuhanden der Synode, Luzern 2010, 5.

35 Bei den Evaluationen durch Interface wird von «Leistungen» gesprochen. Dies scheint dem Design der Evaluation geschuldet.

36 C. 848 CIC/1983 lässt höchstens eine geringe «Stolgebühr» zu, die aber zumindest in der Deutschschweiz nicht üblich ist.

37 Z. B. cc. 213, 843, 1752 CIC/1983.

eine Relevanz für die praktische Umsetzung. Das Merkblatt wurde zu einem späteren Zeitpunkt mithilfe externer Beratung nochmals weiter verbessert. Seine Zielgruppe ist die Spitalseelsorge selbst und u. U. das medizinische Personal vor Ort. Auch in der Diskussion mit anderen Interessensgruppen, die mit dem Thema Spitalseelsorge in Berührung kommen, kann das Merkblatt eine knappe Information geben. Es gibt bis dato allerdings noch keine Erfahrungsberichte zum praktischen Einsatz im Spital. Im nächsten Schritt ist genauer zu eruieren, welche Informationen aus der Spitalseelsorge konkret in der Patientendokumentation stehen sollen und welche Informationen aus der medizinischen Behandlung die Spitalseelsorge für eine gelingende Betreuung benötigt.

Auf der Grundlage dieser Dialog-Erfahrungen könnte das Projekt den Lernzyklus weiterführen. Auf eine weitere Verbesserung zielen z. B. die Fragen ab, welche Fakten bzw. welche Zugriffsrechte für die Mitarbeit der Spitalseelsorge im interdisziplinären Dialog im Einzelnen notwendig sind und wie diese Notwendigkeiten rechtlich verankert werden können.

Zusammenfassung: Der Artikel stellt das schweizweite Projekt «Swiss Learning Health System» (*SLHS*) vor, welches das Gesundheitssystem als lernendes System in evidenzbasierter Kommunikation zwischen Forschung, Praxis und politischen Entscheidungsträgern begreift. Es wird die grundsätzliche Idee eines lernenden Systems sowie die Anwendung des *SLHS* dargestellt. Auf diesem theoretischen Hintergrund erfolgt der Werkstattbericht über den Beginn eines Lernzirkels zum Thema der datenschutzrechtlich begründeten Restriktionen bei der Ausübung der Spitalseelsorge. Das Grundrecht auf Religionsausübung und ein Datenschutzrecht werden dabei gegeneinandergestellt. Auf der gesetzlichen Ebene des Kantons Zürich ist dieser vermeintliche Konflikt entschärft, die Probleme liegen eher bei der Ausübung dieser Rechte.

Abstract: This article presents the Swiss Learning Health System (SLHS) project, which aims to understand the health care system as a learning system in evidence-based communication between research, practice and policy makers. The basic idea of a learning system as well as the application of the SLHS are presented. Against this theoretical background follows a workshop report on the start of a «learning circle» concerned with restrictions in the exercise of spiritual care in hospitals due to regulations of data protection. The basic right to practice religion and a data protection law are contrasted. The legal situation in the Canton of Zurich has defused this supposed conflict and the problems now lie rather in the exercise of these rights.

Martina Tollkühn, Dr. theol., M. A., wissenschaftliche Oberassistentin an der Professur für Kirchen- und Staatskirchenrecht der Universität Luzern sowie Absolventin des Doktorandenprogramms des *Swiss Learning Health System* (*SLHS*).

Klinische Seelsorgedokumentation: Perspektiven für die weitere Entwicklung

Simon Peng-Keller/David Neuhold/Pascal Mösli/
Hanspeter Schmitt/Eva-Maria Faber

Die in den letzten zwei Jahrzehnten aufgekommene Praxis digitaler Seelsorgedokumentation bringt ans Licht, wie weit die Leitbilder des aktuellen Rechtsrahmens von der Praxis heutiger Seelsorge im Gesundheitswesen entfernt sind. Durch vielfältige Entwicklungen in medizinischen Systemen und in der Gesellschaft (professionelle Spezialisierung, Digitalisierung, religiös-spirituelle Pluralisierung usw.), aber auch innerhalb der Kirchen ist die Spitalseelsorge in den vergangenen Jahrzehnten aus diesem Rahmen herausgewachsen. Dieser stammt, zu wesentlichen Stücken, aus einer Zeit, in der die Spitalsseelsorge als eine spezielle Form der konfessionell profilierten Gemeindeseelsorge betrachtet wurde.

Seit den 1970er-Jahren ist die kirchlich anerkannte Ausbildung für Klinikseelsorge durch die Wende von der «Krankenseelsorge zur Krankenhausseelsorge» bestimmt sowie vom Paradigma geleitet, dass Seelsorgende konfessions- und religionsübergreifend tätig sind und institutionelle Mitverantwortung übernehmen. Aktuell entwickelt sich die Spitalseelsorge zunehmend zu einer eigenständigen Profession im Gesundheitswesen mit doppelter Beauftragung und einer (Teil-)Finanzierung durch Gesundheitsinstitutionen. Das gilt insbesondere für den Bereich der Palliative Care, wo diese Entwicklung inzwischen auf nationaler Ebene anerkannt und für Zertifizierungen vorausgesetzt wird. Es ist davon auszugehen, dass sich dieser Trend in den kommenden Jahren verstärkt und sich die Seelsorgeangebote in Zukunft auch in religiöser und weltanschaulicher Hinsicht weiter pluralisieren werden.

Wenn das Recht dem Leben folgt (*ius sequitur vitam*), wird sich der rechtliche Rahmen über kurz oder lang den neuen Realitäten anpassen. Dafür müssen diese Realitäten eine hinreichend klare Form angenommen haben und ausreichend reflektiert worden sein. In dem Masse, wie klinische Seelsorge als ein eigenständiger Beruf im Gesundheitswesen anerkannt wird, wird es daher künftig möglich und nötig sein, die passende Rechtsform für diese neue Profession zu finden.

In diesem Schlusstext sollen Impulse herausgestellt werden, die sich in der im vorliegenden Band dokumentierten Diskussion herauskristallisiert haben.

Insbesondere geht es uns darum, Entwicklungsperspektiven zu skizzieren und anstehende Aufgaben zu benennen. Da es absehbar ist, dass es sich um einen längeren, generationenübergreifenden Transformationsprozess handelt, geht es uns auch um die Frage nach verantwortungsvollen und kreativen Zwischenlösungen.

Perspektive 1: Klärung des professionellen Profils der «Seelsorge im Gesundheitswesen»

Auf einen Punkt gebracht hängen alle hier diskutierten Fragen vom professionellen Status der Spital- und Heimseelsorge ab. Insofern sie als ein eigenständiger, zugleich interprofessionell arbeitender Beruf im Gesundheitswesen anerkannt wird, dürfte auch die klinische Dokumentation seelsorglicher Arbeit unumgänglich werden.[1] Weshalb eine solche Entwicklung aus theologischen Gründen zu fördern ist, kann an dieser Stelle nur angedeutet werden.[2] Mit ihrem Anspruch, Menschen in Grenzsituationen zu unterstützen und ihnen in heilsamer Weise zur Seite zu stehen, steht auch eine kirchlich beauftragte Seelsorge in der Verantwortung gegenüber säkularen Gesundheitsinstitutionen. Sie hat auszuweisen, wie sie diesem Anspruch genügt. Als in öffentlichen Gesundheitsinstitutionen tätige Profession unterliegt die Krankenhausseelsorge medizinethischen Qualitätsstandards und muss, wie alle anderen Fachpersonen auch, über die Auswirkungen des eigenen Handelns in transparenter Weise Rechenschaft ablegen.[3] Das Beispiel der Klinischen Sozialarbeit und Klinischen Ethik zeigt, dass es dazu nicht nötig ist, die Seelsorge in einen Gesundheitsberuf im engeren Sinne zu verwandeln. Nicht allein die internationale Entwicklung läuft gegenwärtig in Richtung einer solchen Professionalisierung der Klinikseelsorge, sondern auch die Seelsorgevereinigungen in der Schweiz steuern derzeit darauf zu. Es ist allerdings längst nicht so, dass es innerhalb der Glaubensgemeinschaften und des Schweizer Gesundheitswesens diesbezüglich bereits einen breiten Konsens gibt, der rechtlich rezipiert werden könnte. Die Hauptaufgabe, die in den kommenden Jahren zu leisten ist, liegt denn auch auf dieser der Dokumentationsfrage vorausliegenden Ebene: in der Klärung des

---

1 Wohlgemerkt ist damit das «Wie» dieser Dokumentation noch nicht beantwortet. Vgl. hierzu Simon Peng-Keller/David Neuhold/Ralph Kunz/Hanspeter Schmitt (Hg.), Dokumentation als seelsorgliche Aufgabe. Elektronische Patientendossiers im Kontext von Spiritual Care, Zürich 2020.

2 Für eine ausführliche Begründung vgl. Simon Peng-Keller, Klinikseelsorge als spezialisierte Spiritual Care. Der christliche Heilungsauftrag im Horizont globaler Gesundheit, Göttingen 2021.

3 Vgl. Simon Peng-Keller, Digitale Dokumentation und therapeutische Relevanz. Krankenhausseelsorge im 21. Jahrhundert, in: ThLZ (in Vorbereitung).

professionellen Profils der «Seelsorge im Gesundheitswesen» in einem möglichst breit angelegten Konsensbildungsprozess. Zu diskutieren ist in diesem Zusammenhang auch die Berufsbezeichnung und die Gestalt eines kontextspezifischen Seelsorgegeheimnisses, das beispielsweise die Möglichkeit eines geteilten Berufsgeheimnisses vorsieht.[4]

Perspektive 2: Die Möglichkeiten des bestehenden rechtlichen Rahmens ausschöpfen

Mit Einverständnis von Patientinnen und Patienten ist es für Seelsorgende möglich, sich an der interprofessionellen Dokumentation einer Gesundheitsinstitution zu beteiligen. Da es im Seelsorgealltag umständlich und häufig auch schwierig sein dürfte, eine solche Einwilligung immer wieder neu zu erfragen, könnte sie auch bei Eintritt zusammen mit dem Generalkonsens eingeholt werden. Damit ist allerdings die Herausforderung verbunden, dass den Patientinnen und Patienten das Profil und Angebot der Seelsorge bekannt sein muss. Solange davon auszugehen ist, dass Seelsorgende auch vom Behandlungsteam nicht als Fachpersonen verstanden werden, die auf ihre Weise «heilsam» tätig sind und zu den Aufgaben einer Gesundheitsinstitution beitragen, wird es nur begrenzt möglich sein, ihr Angebot in einem Generalkonsens zu verankern. In der Praxis bewährt sich, dass die Seelsorge sich und ihr Angebot selbst vorstellen und dabei auch auf Vorbehalte von Patientinnen und Patienten reagieren kann oder dass die zuständigen Gesundheitsfachpersonen das seelsorgliche Angebot in differenzierter Weise präsentieren.

Perspektive 3: Informationstechnische Möglichkeiten kreativ nutzen

Der aktuelle rechtliche Rahmen lässt es zu, dass Seelsorgende ihre Tätigkeit innerhalb klinischer Informationssysteme dokumentieren, sofern dies *ausserhalb* des medizinischen Patientendossiers geschieht. So wie administrative Einträge eine eigene Sektion im Krankenhausinformationssystem bilden und nicht zum Patientendossier gehören, ist es denkbar, für die Seelsorgedokumentation einen eigenen Bereich einzurichten und die entsprechenden Zusatzdossiers für alle zugänglich zu machen, die in einem Fall involviert sind. Um den

---

4 Vgl. Hanspeter Schmitt, Spiritual Care als Kommunikation menschlicher Verletzlichkeit; Michael Coors, Seelsorgliche Verschwiegenheitspflicht und Dokumentation; David Neuhold, Seelsorgegeheimnis und Beichtgeheimnis; Ralph Kunz, Seelsorge als Krypta; alle Beiträge, in: Peng-Keller/Neuhold/Kunz/Schmitt (Hg.), Dokumentation als seelsorgliche Aufgabe.

interprofessionellen Austausch zu ermöglichen, müsste dieses Zusatzdossier mit dem regulären Patientendossier in leicht auffindbarer Weise verlinkt sein. Wenn diese technischen Hürden bewältigt werden, hätte ein solcher Weg als Zwischenlösung mehrere Vorteile. Seelsorgende könnten auf diese Weise in einem geschützten Bereich langsam in eine Dokumentationspraxis hineinwachsen und Erfahrungen mit unterschiedlichen Dokumentationsformen sammeln. Die intra- und interprofessionelle Abstimmung würde dadurch zumindest in organisatorischer Hinsicht gewährleistet werden. Schliesslich verstärkt eine solche Lösung die institutionelle Einbindung der Seelsorge und kann auch zur Leistungs- und Qualitätsüberprüfung genutzt werden. Zu den informationstechnischen Möglichkeiten gehört es nicht zuletzt, personalisierte Zugangsrechte zu programmieren, sodass sich jeder Nutzer eines Systems in einem datenschutzrechtlich geklärten Bereich bewegen kann. Unbenommen solcher Zwischenlösungen bleibt es ein Anliegen klinischer Arbeit und Organisation, die weitergehende Integration der Klinikseelsorge in die einschlägigen Dokumentationssysteme ethisch, rechtlich und theologisch zu reflektieren und weiterreichende Möglichkeiten auszuloten.

Perspektive 4: Palliative Care als Labor für interprofessionelle Spiritual Care sehen

Innerhalb von Institutionen, die eine spezialisierte Palliative Care anbieten, ist die interprofessionelle Integration der Seelsorge derzeit am stärksten fortgeschritten und durch einen breiten Konsens und nationale Vorgaben abgestützt. In dem Masse, in dem die interprofessionelle Verantwortung für Spiritual Care in diesen Institutionen verankert wird und sich in konkreten Modellen ausgestaltet, kann die Palliative Care auch zum Labor für seelsorgliche Dokumentation werden. Es entstehen derzeit Dokumentationssysteme, welche die interprofessionelle Sicht (beispielsweise im Kontext des palliativen Assessments SENS[5]) in der elektronischen Landschaft deutlicher abbilden. Im Rahmen solcher neuen Dokumentationsplattformen muss sich auch die Seelsorge einbringen, wenn sie zum interprofessionellen Team gehört und zur Komplexbehandlung beiträgt. Bei den regelmässigen Qualitätskontrollen (*Audits*), die Voraussetzung für die Zertifizierung einer palliativen Institution sind, wird deshalb die Dokumentation auch daraufhin überprüft, ob die Berücksichtigung der spirituellen Dimension und die Integration der Seelsorge in ihr angemessen berücksichtigt wird.

---

5 Steffen Eychmüller, SENS is making sens – on the way to an innovative approach to structure palliative care problems, in: Therapeutische Umschau 69/2 (2012), 87–90.

Perspektive 5: Chancen kantonsspezifischer Entwicklungen wahrnehmen

Wie die Beiträge dieses Bandes in vielfacher Hinsicht aufzeigen, unterliegt die Ausgestaltung der Seelsorge im Gesundheitswesen zu einem nicht unbedeutenden Teil den kantonalen Rahmenbedingungen. Zu ihnen gehören nicht nur die gesetzlichen Regelwerke, sondern auch deren Umsetzung durch staatliche und kirchliche Akteure sowie die Gesundheitsinstitutionen selbst. Mittel- und langfristig werden Lösungsmöglichkeiten, die in einem Kanton gefunden oder entwickelt worden sind, auch Entwicklungen in anderen Kantonen anregen. Das föderale Modell birgt die Chance, eine Pluralität kreativer Lösungsmöglichkeiten bereitzustellen und sie miteinander abzugleichen. In diesem Band scheinen mindestens drei Möglichkeiten auf, wie solche Prozesse vorangetrieben bzw. kooperativ gestaltet werden können: Vereinbarungen zwischen Seelsorgeanbietern und Gesundheitsinstitutionen (St. Gallen, Waadt); Anpassungen des Spitalversorgungsgesetzes bzw. der dazugehörigen Verordnungen sowie die Einberufung neuer Ausschüsse (Bern) oder *Stakeholder Dialoge* (Zürich), in denen Regelungen konsensuell ausgehandelt werden. Damit entstehen an verschiedenen Orten unterschiedliche Modelle, die sich lokal bewähren müssen und so zur Gesamtentwicklung beitragen können.

Perspektive 6: Summarische und dichte Dokumentationsformen entwickeln

Übereinstimmend mit der inzwischen vorhandenen Forschungsliteratur zur Thematik machen die Beiträge dieses Studienbandes deutlich, dass es verschiedene klinikseelsorgliche Dokumentationsformen für unterschiedliche Bereiche, Zwecke und Adressaten braucht. Als Regel gilt, so «dicht» wie nötig und so summarisch wie möglich zu dokumentieren. Summarische Formen der Dokumentation (etwa als anwählbare, allgemein gefasste Stichworte) vermitteln grundlegende Hinweise bzgl. Handlungsbedarf und geplantem Vorgehen, ohne dass dabei Gesprächsinhalte mitgeteilt werden. Will sich hingegen eine summarische Dokumentation nicht auf minimalistische Notizen beschränken, braucht es eine ausgearbeitete Vorlage, die differenzierte Einträge ermöglicht. Die Entwicklung einer solchen Vorlage bedarf einer breiten Abstützung, wobei auf internationale Vorarbeiten zurückgegriffen werden kann. Ein Kategorienraster, das unterschiedliche spirituelle Ressourcen und Nöte ebenso differenziert auffächert wie verschiedene seelsorgliche Aktivitäten und deren Auswirkungen, ist dabei wünschenswert. Dies bildet zugleich eine hilfreiche Grundlage für dichtere Formen der Dokumentation, die sich durch eine narrative und dennoch knappe Struktur auszeichnen. Überdies bedarf eine solche Praxis einer gezielten Einübung, was wiederum der Selbstdokumentation und der weiteren Professionalisierung klinischer Seelsorge dient.[6]

Fassen wir zusammen: Das Profil des Seelsorgeberufes verändert sich stetig und harrt einer neuen Klärung. Parallel dazu ergeben sich rechtliche Fragestellungen, die auch mit neuen technischen Möglichkeiten des Dokumentierens einhergehen. Insbesondere und zuvorderst im Bereich der Palliativmedizin tun sich hier konkrete Tore und Gestaltungsoptionen auf. Als ein schweizerisches Spezifikum mag das «föderale Labor» gesehen werden, in dem auf kantonaler Ebene unterschiedliche Lösungen in Fragen der Umsetzung von Krankenhausseelsorge zur Anwendung kommen. Dazu bietet sich jüngst nicht zuletzt die konkrete Chance bzw. Herausforderung, spezifisch angemessene und realisierbare Dokumentationsformen zu entwickeln. All dies wurde in den vorausgehenden Perspektiven spezifischer benannt und ausgeleuchtet.

Die so aufgezeigten programmatischen sechs Perspektiven und die in diesem Studienband versammelten Beiträge zielen auf die Weiterentwicklung einer angemessenen, dabei praktikablen Rechtskultur spitalseelsorglicher Dokumentation. Sie möchten dazu beitragen, in einem überaus bedeutsamen Bereich, der gleichwohl mehr denn je im Wandel begriffen ist, qualitative Orientierung und Handlungssicherheit zu fördern.

Simon Peng-Keller, Prof. Dr. theol., Professor für Spiritual Care an der Universität Zürich sowie Exerzitienbegleiter im Geistlichen Zentrum St. Peter und dem Lassalle Haus, Bad Schönbrunn.

David Neuhold, PD Dr., Mag. theol., Wissenschaftlicher Mitarbeiter an der Professur für Spiritual Care an der Universität Zürich, Lehrbeauftragter an den Universitäten Luzern und Freiburg i. Ue., sowie ebendort Wissenschaftlicher Mitarbeiter bei der Schweizerischen Zeitschrift für Religions- und Kulturgeschichte (SZRKG).

Pascal Mösli, Theologe und Supervisor, ist Verantwortlicher für Spezialseelsorge und Palliative Care bei den Reformierten Kirchen Bern-Jura-Solothurn, Dozent für Spiritual

---

6 Vgl. Anne Vandenhoeck, Dokumentation im Dienste der bestmöglichen Spiritual Care; Traugott Roser, Seelsorgliche Dokumentation; Claudia Graf, Dokumentation und Professionalität in der Spitalseelsorge; Simon Peng-Keller, Professionelle Praxis und spirituelle Übung; Hanspeter Schmitt, Spiritual Care als Kommunikation menschlicher Verletzlichkeit; alle Beiträge, in: Peng-Keller/Neuhold/Kunz/Schmitt (Hg.), Dokumentation als seelsorgliche Aufgabe.

Care im Gesundheitswesen sowie Mitarbeiter am SNF-Forschungsprojekt «Dokumentation klinischer Seelsorge im Horizont interprofessioneller Spiritual Care» an der Universität Zürich.

Hanspeter Schmitt, Prof. Dr. theol. habil., Lehrstuhl für Theologische Ethik der Theologischen Hochschule Chur, war zuvor lange Zeit in der kirchlichen Pastoral und spirituellen Begleitung tätig, ist Mitarbeiter beim SNF-Forschungsprojekt «Dokumentation klinischer Seelsorge» der Universität Zürich und der Theologischen Hochschule Chur.

Eva-Maria Faber, Prof. Dr. theol., Professorin für Dogmatik und Fundamentaltheologie an der Theologischen Hochschule Chur, von 2007–2015 Rektorin der Hochschule, seither Vizerektorin; Konsultorin des Päpstlichen Rates zur Förderung der Einheit der Christen sowie Mitglied des Vorstands Verein Hilfe für Asylsuchende (Graubünden).